T0287604

Cómo escribir,
UNA CANCIÓN

(Incluso si **nunca has compuesto**
una y crees que **eres malísimo**)

ED BELL

Redbook

Cómo escribir, UNA CANCIÓN

ED BELL

Traducción de Caterina Martí Bonal

MA NON TROPPO

© 2020, Ed Bell
Título original: *How to Write a Song (Even If You've Never Written One Before and You Think You Suck)*, by The Song Foundry Inc.

© 2023, Redbook Ediciones, s. l., Barcelona

Diseño de cubierta: Regina Richling

Diseño interior: Quim Miserachs

ISBN: 978-84-18703-52-2

Depósito legal: B-2.355-2023

Impreso por Reprográficas Malpe – Pol. Ind. Los Olivos
Calle de la Calidad, 34, Bloque 2 Nave 7
28906 Getafe, Madrid

Impreso en España - *Printed in Spain*

«Cualquier forma de reproducción, distribución, comunicación pública o transformación de esta obra solo puede ser realizada con la autorización de sus titulares, salvo excepción prevista por la ley. Diríjase a CEDRO (Centro Español de Derechos Reprográficos, www.cedro.org) si necesita fotocopiar o escanear algún fragmento de esta obra.»

CONTENIDOS

SOBRE *THE SONG FOUNDRY*

En The Song Foundry nuestra misión es compartir
con el mundo grandes ideas de composición de
canciones. En thesongfoundry.com publicamos
artículos sobre composición, mostramos videos
sobre diversos temas relativos a la composición
musical y ofrecemos asesoramiento en composición por Skype en todo el mundo.

Conecta con nosotros online para más información:

thesongfoundry.com

youtube.com/TheSongFoundry

facebook.com/TheSongFoundry

twitter.com/TheSongFoundry

Vale, genial, compongamos una canción: CÓMO FUNCIONA ESTE LIBRO

VALE, GENIAL,
COMPONGAMOS UNA CANCIÓN

Hace tiempo, no había ninguna canción.
Luego, algún tiempo después, sí la hubo.
«¿Cómo diablos sucedió eso?», te preguntarás.

¿Cómo se compone una canción? Es una gran pregunta.

¿Debes empezar por la primera estrofa? ¿Debes empezar por el estribillo? ¿Debes empezar con una progresión de acordes? ¿Debes empezar con una melodía o con un ritmo o un título o una honda necesidad psicológica de escribir para recomponer tu corazón roto?

Y sinceramente, la respuesta es sí.

Y sí.

Y sí.

Y sí, sí, sí, y definitivamente sí, si eso te ayuda…

En otras palabras, igual que la mayoría de las grandes preguntas, «¿cómo se compone una canción?» es una gran pregunta sin una única respuesta.

Puedes empezar a componer una canción más o menos por dónde quieras –y mientras sigas adelante hasta que la canción entera esté acabada, cualquier opción es buena. De hecho, una de las razones por las que componer es tan gratificante y difícil a la vez– y una de las razones por las que existen tantas canciones y estilos diferentes –es que hay cientos y hasta miles de maneras diferentes de componer.

Pero un momento, ¿eso es todo? ¿Realmente te traje hasta aquí para decirte que puedes componer una canción cómo te dé la gana?

No, no se trata de eso. Y no, no he llenado un libro de 300 páginas con la única idea de «haz lo que quieras, ¡campeón!»

Lo que ocurre con la composición es que todas las canciones que se han escrito son la respuesta de alguien –o de un grupo de personas– a la pregunta «¿qué debería ser una canción?». Es su mejor respuesta, la más inteligente y personal –basada en sus gustos, experiencias y opinión– respecto a lo que debe ser una canción.

Y en cierto modo, este libro es simplemente mi mejor respuesta, más inteligente y personal a la pregunta «¿cómo se compone una canción?». Es simplemente mi mejor respuesta, más inteligente y personal a lo que debería ser el libro de composición más útil, divertido y sensato. Y específicamente, es simplemente mi mejor respuesta, más inteligente y personal a lo que debería ser un libro titulado *Cómo escribir una canción (incluso si nunca has compuesto una y crees que eres malísimo)*.

¿Es ésta la única respuesta? No.

¿Es una respuesta lógica e inteligente? Totalmente.

¿Es una respuesta interesante, inspiradora, práctica, motivadora, versátil, poderosa y –lo más importante– 100% a prueba de principiantes, que básicamente cualquier persona puede seguir? Bien, dejaré que tú mismo lo juzgues, pero sí, realmente así lo creo.

En otras palabras, sí, este libro trata de un proceso inspirador que cualquier persona con una experiencia básica con una guitarra, un piano o una DAW (Estación de Trabajo de Audio Digital, como Logic, Ableton o Garage-Band) puede usar para componer una canción –incluso si nunca has compuesto una y crees que eres malísimo.

Hablaremos de un proceso lógico, paso a paso, que puedes utilizar para construir cada parte de una nueva canción desde cero. Y –cómo descubrirás– lo haremos de una manera que te enseñará un montón sobre cómo funcionan las canciones, así que, si ya tienes experiencia componiendo, este libro también te resultará muy útil.

Pero como digo, si eres completamente nuevo en la composición de canciones también lo haremos de manera que lo cubra todo desde el principio. Así que, de nuevo, literalmente todo lo que necesitas para empezar es saber tocar tres o cuatro acordes de guitarra o piano o ser capaz de encontrar tu camino con la DAW de tu elección. Cubriremos todo lo demás.

Y si no sabes leer música, tampoco pasa nada. Francamente, aprender a leer música, aunque sea a un nivel muy básico, resulta una muy buena inversión para cualquier compositor –aunque solo quieras escribir letras. Pero si no sabes leer música –y muchos compositores no saben– a medida que vayamos trabajando en ello veremos maneras de registrar o de poner por escrito tus creaciones sin usar la notación.

También he hecho grabaciones de audio de todos los ejemplos musicales de este libro para que puedas escucharlos a la vez que los ves en su página correspondiente. Los ejemplos musicales empiezan a aparecer desde la Parte 4 en adelante, pero si quieres descargarte todas las pistas por adelantado, solo tienes que ir a https://thesongfoundry.com/how-to-tracks/.

Así que, resumiendo, voy a desglosar un poderoso y versátil proceso de composición de canciones en diez partes diferentes. Voy a hablarte de los detalles prácticos para armar una canción. Voy a hacer todo lo posible para desmitificar el proceso de composición de una manera que cualquiera pueda entender, y si te quedas conmigo, voy a transformar tu forma de ver la composición para siempre.

Y claro, hay gente que piensa que la composición no se puede enseñar. Que creen que la capacidad de componer depende de tener o no tener talento.

Afortunadamente, esas personas se equivocan. Más o menos.

Porque si bien es cierto que la composición de canciones en realidad no se puede enseñar –al menos, no de la forma en que se enseña a conducir o a hablar alemán o a calcular la longitud de una hipotenusa– la composición se puede *aprender*.

Con las herramientas, principios y técnicas adecuadas, puedes llegar a ser más hábil y rápido construyendo canciones. Y puedes llegar a ser mejor y más audaz a la hora de usar esas herramientas, principios y técnicas para responder a la pregunta «¿qué debe ser una canción?». Y, en resumen, esto es exactamente lo que este libro te ayudará a hacer.

Pero antes de empezar de verdad con este proceso, debemos hablar un poco sobre cómo funciona –qué es, qué no es definitivamente, y qué puedes hacer para sacarle el mayor provecho.

LO PRIMERO ES LO PRIMERO:
ESTO NO ES UN MÉTODO DE COMPOSICIÓN

Este libro es un montón de cosas. Y hablaremos sobre algunas de ellas bien pronto. Pero primero, permíteme aclarar algunas de las cosas que este libro no es:

No es algo con forma de calabacín como el Edificio Chrysler.

No es una nota de disculpa a todos aquellos a los que ofendí cuando era adolescente.

No son todas las novenas palabras de la Convención de Ginebra reunidas en un poema surrealista abstracto.

Y –lo más importante de todo– **no** es una fórmula o método de composición.

Ahora que lo pienso, las tres primeras eran probablemente bastante obvias. Pero debemos hablar de la última, porque es la base del funcionamiento de este libro, y el motivo por el cual probablemente sea diferente a cualquier otro que hayas leído sobre la composición de canciones.

Puede que hayas oído hablar de conocidos métodos musicales. Está el método Kodály para aprender canto y musicalidad. Está el Método Suzuki para aprender un instrumento y entrenar el oído, al tiempo que se aprende a ser una buena persona (genuinamente). Luego está el método del ritmo, que parece que tiene que ver con la percusión, pero en realidad –no, espera, eso es otra cosa.

Pero ahora en serio –en música hay montones de métodos bien establecidos que desglosan diferentes aspectos de la teoría musical, la musicalidad y/o el aprendizaje de un instrumento de un modo fácil y súper accesible. Y eso es genial.

El problema es que la composición no funciona así.

Verás, cuando se trata de aprender a cantar o a tocar un instrumento, ya hay una hoja de ruta. Y hay un objetivo muy claro –interpretar una pieza musical con la mayor precisión posible. Así que pasas horas y horas desarrollando y perfeccionando tus habilidades para recrear esa pieza musical de la forma más precisa y convincente posible.

Pero en composición, no hay hoja de ruta. Tienes que crearla.

No estás reaccionando o recreando algo que ya existe –estás creando algo por vez primera. Y eso lo cambia todo.

Por eso, los métodos o fórmulas de composición –aunque sean útiles a corto plazo– solo pueden llevarte hasta cierto punto. Te dan una caja en la que crear. Te dan unas líneas entre las que dibujar. Pero un día, si decides que quieres crear algo, ya sabes, fuera de esa caja –o darte tus propias líneas para dibujar entre ellas– ¿entonces qué?

En otras palabras, seguramente, podría venir con El Método Ed Bell® o la Fórmula Song Foundry™. Y eso podría ayudarte a componer una canción.

¿Pero te ayudaría a componer diez canciones?

¿Te ayudaría a componer una canción de la que estés realmente orgulloso?

¿Te ayudaría a sentirte realmente más creativo?

¿Y te ayudaría a sentirte más *vivo*?

Probablemente no.

Por eso no se puede enseñar a componer –al menos, de la manera convencional– pero sí se puede aprender. La clave para ser un buen compositor es aprender a pensar por ti mismo, probar cosas a tu manera, cometer errores, aprender de esos errores y seguir adelante hasta que la canción en la que estás trabajando esté terminada.

Y por eso, sinceramente, un método o una fórmula estricta es lo último que quieres como compositor –y por eso este libro te va a dar algo mucho mejor.

Por eso este libro te ayudará a pensar, no solo a copiar. Por eso este libro te ayudará a crear, y no solo a imitar. Y es por eso –aunque ya conozcas algunas de las ideas de este libro– que vamos a analizarlas de una forma que puede ser completamente nueva para ti.

Para explicarlo, hablemos de cuatro ideas clave que hacen que este libro sea diferente.

[1] ESTE LIBRO ES UN *PROCESO*, NO UN MÉTODO NI UNA FÓRMULA

Como sabes, este libro es sencillamente un proceso –una serie de pasos y técnicas lógicas, fáciles de seguir y de repetir para componer una canción. No es la única manera, ni mucho menos la manera «correcta» –es una forma inteligente y fiable de crear una canción acabada una y otra vez.

Y como este libro trata de un proceso, no de un método o una fórmula, si decides leerlo más de una vez, sacarás algo nuevo de él cada vez. Te desafiará de maneras diferentes cada vez. Te ayudará a aprender algo nuevo cada vez –sobre composición, sobre ser creativo y quizá incluso sobre ti mismo.

Y a medida que vayas creciendo y aprendiendo, entenderás mejor qué partes son opcionales o pueden hacerse en diferente orden. Así que lo que empezó como un conjunto de estrictas directrices a seguir puede convertirse más en un plano que en un andamio, y –si sigues componiendo el tiempo suficiente– en un grato recuerdo de una encantadora guía que te hizo componer y pensar de diferentes maneras. Y así es exactamente como debe ser.

[2] ESTE LIBRO NO TRATA DEL «CÓMO» –SINO DEL «POR QUÉ».

En este libro, no sólo veremos cómo llegar a un buen título. También veremos qué hace bueno un buen título. Y no sólo hablaremos de cómo componer un buen puente. Hablaremos de por qué querrías –o no querrías– incluir un puente, en primer lugar.

Esto se debe a que el proceso de composición de canciones del que voy a hablarte es en realidad la segunda parte más importante del libro. Lo más importante es la manera en que todas las diferentes partes del proceso te ayudan a entender *por qué* tiene sentido componer una canción de esta manera.

Porque, aunque este proceso sea solamente eso, un proceso, la forma en que las partes encajan definitivamente no lo es –porque se basa en los principios profundos y fundamentales de cómo funcionan las canciones.

Puedes pensar en estos principios como los «porqués» de la composición –por qué una buena idea de canción es tan importante, por qué un buen título debe capturar la idea de tu canción, por qué la repetición hace que tu melodía sea pegadiza, por qué quieres empezar tus estrofas con un verso fuerte o espectacular. Abordaremos todo eso y mucho, mucho más.

Y, francamente, esta es una de las mayores ventajas de abordar la composición mediante un proceso en lugar de un método o fórmula –aprenderás un montón de técnicas e ideas que puedes aplicar en cada canción que escribas, por muchos años. (Y, de nuevo, esta es una de las razones por las que obtendrás mucho de este libro, incluso si no eres principiante.)

Por eso también, si te quedas con él, este libro cambiará por completo tu forma de ver la composición de canciones –te ayudará a entender no solamente qué hacer, sino por qué lo haces. Luego, si acumulas suficiente experiencia como para querer componer canciones de otra manera, estarás en la posición perfecta para hacerlo, porque tendrás un montón de principios fundamentales y universales de composición en los que basarte para crear algo fresco, original y pulido.

Y claro, probablemente eso hace el libro más largo de lo que sería si sencillamente me propusiera reproducir El Método Ed Bell®. Explicar esos principios fundamentales significa que no voy a reprimirme en los detalles, y en ocasiones tendremos que profundizar bastante en la teoría de la música y la composición.

Pero como dice el refrán, «dale un pez a un hombre y comerá un día. Pero enseña a alguien a componer canciones y pasará el resto de su vida haciendo un montón de cosas guapísimas». Así que todo ese detalle extra valdrá la pena, lo prometo.

[3] ESTE LIBRO TRATA DE CÓMO USAR TU INSTINTO

Una cosa de la que no se ha hablado lo suficiente en guías de composición es que realmente no hay manera de escribir una buena canción sin confiar en tu instinto. Claro, hay muchas herramientas, principios y técnicas que puedes aprender, pero darte cuenta de si los has usado bien normalmente tiene que ver más con hacer un juicio instintivo que no un cálculo intelectual.

Además, si quieres componer algo que conecte con la gente, tienes que hacerlo mediante juicios humanos –no puedes simplemente calcular la canción perfecta siguiendo el paso 7.4b o usando la fórmula infalible #923.

Esa es la principal razón por la cual las fórmulas y métodos de composición no son útiles –normalmente quitan la parte humana, desordenada e instintiva de la composición y la convierten en algo como rellenar una solicitud de pasaporte.

Y claro, lo entiendo. Da miedo montar en una moto sin estabilizadores por primera vez. Da miedo empezar a escribir una canción sin saber exactamente a dónde te llevará el proceso creativo. Y da miedo confiar en tu instinto si no estás acostumbrado a confiar en él.

Pero también es mucho más divertido. También es mucho más gratificante. Y también es la única manera de crear algo genuinamente original –que capture un poquito de quién eres como artista y como ser humano.

Y mientras algunas personas piensan que es mejor aprender los fundamentos de la composición y después empezar a pensar en todas estas cosas, yo no. A mi entender, es algo que también tú deberías empezar a hacer ahora –por muy aterrador y emocionante que suene.

Y si te lo preguntabas, si eres nuevo en la composición, por supuesto tu instinto creativo no será tan agudo como después de tener un par de canciones en tu haber. Si eres principiante, por supuesto que te va a costar más confiar en tu intuición. Pero ¿cómo crees que desarrollas ese instinto en primer lugar? Lo has adivinado –practicas usándolo. Así que una de las formas más importantes en que este proceso es diferente es que te voy a dar la libertad creativa para hacer exactamente eso.

Y claro, dar tanta libertad creativa significa que puede haber momentos en este proceso en que te sientas bloqueado o confuso. Pero así es cómo funciona la composición. Es parte del desafío de crear cosas nuevas. Cada nueva canción es un salto a lo desconocido –así que, por mucha experiencia que se tenga, todo compositor se siente bloqueado o confuso tarde o temprano.

En otras palabras, la diferencia entre los compositores principiantes y los experimentados no es que los compositores experimentados nunca se bloqueen –sino que han adquirido un montón de trucos y técnicas fiables para seguir componiendo, y han desarrollado la determinación y la resiliencia para confiar en el proceso, confiar en sí mismos, y seguir adelante, confiando en que al final lo resolverán todo. (Porque si sigues adelante, normalmente lo haces.)

Para ayudarte a conseguirlo, he llenado este libro con montones de técnicas e ideas prácticas para ayudarte a superar los escollos y bloqueos más comunes en la composición de canciones. Pero también depende de ti seguir perseverando para que puedas empezar a afinar tu instinto y desarrollar esa resiliencia creativa que va a dar sus frutos, literalmente, el resto de tu vida –y no sólo en la composición de canciones.

[4] ESTE LIBRO TRATA SOBRE ESCRIBIR LAS CANCIONES QUE QUIERES ESCRIBIR

Otra razón por la que el instinto es tan importante para componer canciones es que los gustos personales desempeñan un papel muy importante a
la hora de responder a la pregunta «¿qué debería ser una canción?». Básicamente, tanto si te apetece componer una canción pop, una canción rock,
una canción rap, una canción country, o algo totalmente diferente, es sobre
todo tu instinto lo que te dice cómo debe sonar y qué debe decir una canción. Y puesto que explorar tu propio estilo personal es una parte importante de la composición de canciones, es mejor que empieces a desarrollar ese
instinto ahora mismo.

Por eso el proceso de este libro te da tanta libertad –para que puedas
utilizarlo para componer cualquier tipo de canción que te guste, según tus
gustos e intereses musicales, y con cualquier instrumento o tecnología que
tengas a mano.

Y si no estás completamente seguro todavía de cuál es tu «sonido» o
estilo personal, no pasa nada. De la misma manera que se necesita práctica
para pulir el instinto creativo, se necesita práctica –y muchas canciones–
para descubrir el estilo personal.

Así que, por ahora, lo mejor que puedes hacer es dejar que tus gustos e
intereses te lleven a dónde quieran ir, aunque, por el momento, pueda sonar mucho a algún otro compositor o artista. Porque cuánto más explores,
más descubrirás cuál es tu propio estilo de composición.

Dicho esto, hay dos áreas específicas en este proceso donde vas a seguir
un formato específico o forma de pensar que merece la pena mencionar.

La primera está en la **estructura** o **forma** de la canción –la manera en que
la canción y sus secciones se unen. Hay un puñado de diferentes estructuras
que a menudo usan las canciones, pero para este proceso, voy a hablarte
sobre cómo componer mediante el uso de la más común: la **estructura
estrofa–estribillo**.

Y es que para que este proceso tenga sentido –sin que sea muy, muy largo– deberá basarse en una estructura concreta. Además, como las estructuras estrofa–estribillo son tan comunes, aprender a componer con ellas
es una de las habilidades de composición más importantes que puedes
adquirir. Y aunque hay un montón de secciones diferentes que se pueden
incluir en una estructura estrofa–estribillo, vamos a centrarnos en las más

importantes –estrofas, estribillos, puentes, intros y outros. (Si quieres un resumen rápido de esta estructura antes de empezar, puedes consultar el Apéndice 3.)

La segunda área está en la manera específica en que vamos a abordar la composición de tu canción. Aunque el proceso en este libro es muy, muy versátil –como sabes, puedes utilizarlo para componer prácticamente cualquier tipo de canción que puedas imaginar– sigue lo que a veces se denomina un enfoque de «melodía y letra» para componer canciones. Así que después de averiguar lo que quieres escribir, empezaremos a construir la canción juntando melodías, letras, progresiones de acordes y ritmos instrumentales de una manera lógica y orgánica.

Esto es lo opuesto a lo que a veces llaman sistema de «pista y gancho», donde un productor produce un ritmo (o pista), normalmente sin pensar en el contenido de la canción, antes de que otra persona añada una melodía vocal (o *topline*, o gancho) y letra.

El enfoque de «melodía y letra» no es automáticamente mejor, pero suele ser una mejor forma de explorar cómo funcionan juntas las distintas partes de una canción. Y puesto que ese es uno de los objetivos principales de este libro, tiene sentido enfocar la composición de esta manera.

Pero incluso si estos dos factores afectan al modo en que este libro funciona para ti, te darán mucha libertad para explorar este proceso –y hacer todo lo que significa intentar, estropear, aprender y volver a intentar, que es de lo que trata la composición de canciones– en cualquier estilo o género musical que te guste. Así que aprovéchalo al máximo.

Y ahí lo tienes. Eso es lo que hace que este libro funcione, eso es lo que hace que este libro sea diferente. Y por eso –y cómo– este libro te va a permitir ser verdaderamente creativo.

Y ahora estamos cada vez más cerca del momento en que por fin podrás empezar a crear la letra y la música de tu canción. Pero antes de hacerlo, hay otro tema importante que deberíamos tratar.

LO SEGUNDO ES LO SEGUNDO:
NO ERES MALÍSIMO (TE LO PROMETO)

Bueno, esto es un poco incómodo. Pero en caso de que sea necesario decirlo… en caso de que necesites oírlo… y en caso de que la parte del título de este libro «si crees que eres malísimo» realmente haya resonado en ti… tengo buenas noticias:

👉 NO, NO ERES MALÍSIMO

En absoluto.

Te lo prometo.

Porque si hay algo de lo que no se habla lo suficiente en los libros de composición es de que componer es *difícil*.

Y claro, crear algo nuevo es difícil. Crear cualquier cosa de la nada es difícil. Pero en la composición de canciones en concreto hay montones de cosas –rima, estructura, melodía, acordes, ritmos, texturas, rango vocal, niveles de energía, fraseo, acento, repetición, tema, historia, estilo, y muchas cosas más– en las que se supone que tienes que pensar a la vez. Por eso, no es de extrañar que la composición a veces se parezca a jugar una partida de ajedrez de cinco dimensiones, boca abajo en la oscuridad, mientras intentas al mismo tiempo hacer la declaración de la renta, aprender polaco y curar el cáncer.

Y naturalmente, como componer es tan difícil, tarde o temprano la mayoría de los compositores se atascan o se dan de cabeza contra un muro o piensan «joder, qué mal se me da esto».

Y si eso te ha sucedido alguna vez, aún tengo más buenas noticias:

Significa que eres normal. Significa que eres humano.

De hecho, si alguna vez te has dicho a ti mismo que eres malísimo, en realidad tengo magníficas noticias: Significa que tienes normas. Significa que te importa lo que creas. Y, sobre todo, significa que eres compositor. (Enhorabuena.)

Ya hemos analizado el mito de que los grandes compositores nacen y no se hacen, y lo tiramos a la basura, donde debe estar. Pero hay otro mito que también debe tirarse a la basura (o, al menos, reciclarse) –que ser un compositor experimentado significa que lo tienes todo resuelto, que siempre sabes exactamente lo que estás haciendo.

Seré sincero contigo –llevo más de veinte años componiendo, y no siempre estoy seguro de lo que estoy haciendo. A pesar de todo lo que ya he compuesto, a pesar de todo lo que sé sobre la composición –y a pesar de haber escrito un montón de libros sobre cómo componer– cada nuevo proyecto sigue pareciéndome que estoy empezando de cero, que lo voy descubriendo sobre la marcha.

Porque la verdad es que, de alguna manera, empiezo de cero en cada nuevo proyecto –así que lo voy descubriendo a medida que avanzo. Cada nuevo proyecto es un proyecto que nunca he hecho antes, así que no sé exactamente lo que estoy haciendo. Sólo puedo averiguarlo probando un montón de cosas para ver qué funciona.

Y por supuesto, con la experiencia eso se hace más fácil. Y te vuelves más rápido. Pero nunca llegas al punto donde lo tienes todo resuelto –al menos, no si eres lo suficientemente ambicioso y creativo.

Por eso, si cada cosa nueva que compones es una aventura creativa a algún lugar en el que nunca has estado antes, por supuesto que a veces te sentirás perdido y atascado. Esto forma parte de hacer cosas nuevas.

Pero hay esperanza. Siempre hay esperanza.

Porque incluso si crees que eres malísimo componiendo, hay una forma sencilla de adquirir más experiencia y convencerte de que sabes lo suficiente sobre composición como para comenzar. Es una ley poderosa y universal de la composición que dice algo así:

☞ PARA SER MENOS MALO, COMPÓN MÁS

Eso es todo. Ése es el secreto del éxito, la felicidad y la realización personal en la composición de canciones.

No hace falta ser un gran compositor para empezar. Pero sí tienes que empezar para llegar a ser un gran compositor.

No puedes esperar a sentirte seguro para empezar. Sino que, en primer lugar, tienes que empezar a ganarte esa confianza.

Y eso significa que la única manera para ser mejor compositor en el futuro es sentirte cómodo con no ser tan bueno ahora.

Tienes que estar cómodo separando las ideas de que, aunque seas un desastre en algo que no has hecho mucho –ya sea salto con pértiga, decoración de pasteles o composición de canciones– tú mismo, como persona, no eres un desastre. Y entonces puedes usar la motivación y la autoestima que te da esa separación para ir a practicar esa cosa y mejorar en ella.

O, en palabras de la actriz Carrie Fisher: «Ten miedo, pero hazlo de todas formas. Lo importante es la acción. Simplemente hazlo y la confianza llegará a continuación».

O, en otras palabras, de un grafiti anónimo que una vez vi en Brooklyn: «Sé lo bastante bueno para ser malísimo en algo nuevo».

Así que no finjamos –algunas partes de este proceso serán difíciles. En algunas partes de este proceso te sentirás como si estuvieras pasando más tiempo mirando por la ventana y sacando punta a tu lápiz por septuagésima octava vez que componiendo. Y en algunas partes de este proceso pensarás «Guau, esta canción es malísima» y hasta «Guau, soy malísimo».

Y repito –es normal. Eso se llama «proceso creativo».

Pero depende de ti controlar la narrativa al respecto. Depende de ti recordarte a ti mismo que ninguna de esas cosas son razones para rendirse. Depende de ti seguir adelante exactamente cuando las cosas se ponen difíciles porque, como sabes, es la única manera de mejorar –y la única manera de terminar una canción.

Mi trabajo en este libro consiste en darte una hoja de ruta para componer una canción desde cero. Mi trabajo consiste en explicar cada parte de la forma más sencilla y clara posible, sin simplificar nada. Y tu trabajo es seguir adelante. Seguir probando cosas nuevas. Y recordar que, si tarde o temprano, crees que eres malísimo, eso probablemente significa que vas por buen camino.

Así que brindo por el arte de ir descubriendo las cosas sobre la marcha. Por la alegría de no saber nunca lo que estás haciendo. Por la emoción de a veces pensar que eres malísimo. *C'est la vie*, amigo mío –o al menos, *la vie créative*.

Y brindo por el arte de hacer lo que tienes que hacer, de todos modos.

Porque, más que nada, de eso trata la composición de canciones –y la vida en general.

El proceso de composición:
Un resumen

Tengo una idea divertida. Probémosla.

Espera. Esto es más difícil de lo que pensaba.

Maldita sea, esta nueva canción es malísima.

Maldita sea, soy malísimo.

Espera. Sigamos adelante…

En realidad, esta canción está bien.

No –esta canción está HECHA y es GENIAL.

Y FINALMENTE: CÓMO APROVECHAR ESTE LIBRO AL MÁXIMO

Ok, casi estamos –estás a punto de escribir las primeras palabras y notas de tu canción. Pero antes de lanzarnos de una vez, deberíamos hablar de cuatro formas ultra prácticas de sacar el máximo partido a este proceso.

Si ya llevas un tiempo componiendo puede que estas ideas no sean nuevas para ti –pero sea cual sea el nivel en que te encuentres, merece la pena tomárselas en serio, ya que harán que trabajar con este libro sea mucho más fácil y valioso.

☞ TRABAJA SIGUIENDO EL ORDEN DE LAS PARTES

Lo sé. Lo sé. Acabo de decir que el proceso de este libro no es la única forma de componer una canción, que es una de las más grandes emociones de la composición es escribir de diferentes maneras, y que eres un copo de nieve único en un vasto universo lleno de infinitas posibilidades creativas, bla, bla, bla.

Pero olvidémonos de eso por ahora.

Porque al igual que si vienes a mi concierto te lo pasarás mucho mejor si no empiezas a gritarme desde el fondo para que cambie la lista de canciones, si sigues el proceso que he creado te lo pasarás mucho mejor leyendo este libro.

Como ya he dicho, he elaborado las diez partes cuidadosamente para que te guíen a través de un proceso lógico, paso a paso, que se basa en las partes que ya has completado. Así que, aunque en la vida real sí, las distintas partes de una canción podrían llegarte en cualquier orden, este libro no tendrá mucho sentido si empiezas trabajando en la parte 9 cuando ni siquiera vas por la mitad de la Parte 3.

Dicho esto, si estás componiendo tu letra del estribillo en la Parte 3 y te viene un destello de inspiración sobre lo que podrías componer en el puente de la Parte 9, es genial. Eso ocurre –y a menudo es una bendición que ocurra. Así que cada vez que te ocurra, lo mejor que puedes hacer es apuntar tu idea para no olvidarla, y luego volver a ella cuando llegue el momento de utilizarla.

Para ayudarte a leer este libro, he dividido el texto principal en una serie de «recuadros de acción». Los reconocerás fácilmente porque vienen con el símbolo de un rayo, que representa la forma divina en que vas a dejar a un lado este libro para crear algo asombroso. He colocado estos recuadros en los puntos ideales para dejar de leer y ponerse a crear, usando las ideas de las que acabamos de hablar. Cada recuadro de acción incluye también un par de viñetas que resumen las principales ideas en las que vale la pena pensar mientras compones esa parte de tu canción.

Así que sí, si estás realmente interesado, no hay nada de malo en adelantarse un poco en la lectura para entender lo que vendrá a continuación. Pero no *adelantes la creación* –lleva a cabo los recuadros de acción en el orden exacto en que aparecen. Incluso si se tarda un tiempo en completar un determinado recuadro de acción. Incluso si terminar un determinado recuadro te resulta duro.

La mayoría de los recuadros de acción posteriores se basan en lo que has creado en los recuadros de acción anteriores. Así que sigue el programa. Al menos por ahora.

Por último –además de los recuadros de acción también he incluido algunas «cajas de herramientas» adicionales en varios lugares del libro. Vienen con un símbolo de un martillo y una llave inglesa para representar, supongo, la forma divina en que puedes aprender más sobre un montón de temas de composición avanzada si lo deseas. Estos temas son totalmente opcionales, y el proceso seguirá teniendo sentido sin ellos, pero si decides que quieres ir más allá de lo esencial y comprender temas como la rima, la progresión de acordes o los derechos de autor con más detalle, para eso están las cajas de herramientas. (Este libro también tiene un índice justo al final por si más tarde quieres consultar alguno de estos conceptos).

☞ TRABAJA A TU RITMO

Aunque todos los recuadros de acción tienen un aspecto similar en la página, trabajar con ellos será diferente cada vez. Puede que algunos los termines rápidamente. Puede que otros los termines más lentamente.

Es totalmente normal. Puede que tengas más práctica en algunas áreas de la composición que en otras. Algunos recuadros de acción son más complicados que otros. Algunos días te sentirás más creativo que otros.

Y repito, así es como funciona.

Así que no apresures el proceso. Tómatelo a tu ritmo. Date el tiempo y el espacio que necesites para superarlo en tus propios términos. Siempre.

Exactamente cómo y cuándo decides trabajar en este proceso depende exclusivamente de ti, y es probable que te lleve semanas, no días. Y si eres nuevo en esto –o solo estás interesado en mejorar tu proceso creativo– tengo tres sugerencias sobre cómo encontrar *tiempo de calidad para componer*:

- **Haz un plan y comprométete** – Decide qué días o a qué horas exactas del día vas a componer, y cíñete a ello.
- **Elimina todas las distracciones** – Apaga el teléfono, desconecta internet, diles a todas las personas con las que vives que te dejen en paz.
- **Intenta disfrutar del camino** – Algunos días te resultará más fácil que otros, pero a veces una sesión de escritura lenta no es más que la preparación para una próxima sesión realmente productiva. Acéptalo.

Y para esos días en que realmente no te apetece componer –o los días en que lo haces lentamente– lo mejor, literalmente, será hacerte una promesa muy sencilla: lo intentarás durante al menos 20 minutos.

Eso es todo. 20 minutos. Después de eso, puedes tomarte un descanso e irte a hacer otra cosa. Pero desde el momento en que te sientes a componer no harás otra cosa que intentarlo por 20 minutos –aunque salga muy despacio o aunque no salga nada.

Porque te prometo que, nueve de cada diez veces, encontrarás la fluidez creativa al cabo de 20 minutos y querrás seguir incluso más tiempo. A veces se necesita ese tiempo para entrar en calor. Igual que a veces hay que abrir un grifo para dejar correr el agua estancada, a veces hay que pasar por un escrito malo para llegar luego a lo bueno.

Así que cada vez que no te apetezca ponerte a componer, sólo prométete a ti mismo que lo intentarás al menos 20 minutos. La mayoría de las veces te alegrarás de haberlo hecho.

☞ ESCRIBE SOLO O COESCRIBE SI LO PREFIERES

Diseñé este proceso para que pudieras usarlo para componer por tu cuenta –pero si quieres coescribir o colaborar con otra persona, también funciona perfectamente.

La coescritura es una forma estupenda de aprender de otros compositores, dominar el arte de la colaboración y ayudarse mutuamente a mantener la inspiración y el rumbo. Pero igualmente, componer en solitario es una forma estupenda de explorar tus gustos e intereses personales, llevarlo todo a tu ritmo y descubrir lo que eres capaz de crear por tu cuenta.

Así que depende de ti si quieres leer este libro solo o con otra persona –o incluso leerlo varias veces de diferentes maneras.

Si coescribes, tendrás que organizarte muy bien para llevar a cabo el proceso. ¿Uno de vosotros se centrará sobre todo en la música y el otro en la letra? ¿Colaboraréis en tiempo real en cada sección? ¿Dividiréis la canción en secciones y os centraréis en una cada uno? Dado que este proceso se divide en partes que se centran en secciones específicas de la canción –y por lo general, en componer la música y la letra de esas secciones– es completamente posible dividir este libro de cualquiera de estas maneras.

Por otro lado, si estás acostumbrado a coescribir y has decidido intentar este proceso completamente solo, no te preocupes. Porque he hecho este libro tan a prueba de principiantes como sea posible, no importa si eres nuevo en la composición de música o letras (o ambos). Como ya he dicho, cubriremos todo lo que necesitas saber. E incluso si trabajas solo en este proyecto, pero planeas seguir coescribiendo en todo lo demás en el futuro, eso es genial –aprenderás mucho sobre cómo funcionan las canciones enteras si realizas este proceso en solitario al menos una o dos veces.

Aun así, si decides coescribir a lo largo de todo el proceso, lo más importante es que acordéis un plan definitivo sobre quién creará qué partes de la canción –y cuándo– para poder seguir avanzando.

☞ GUARDA TODOS TUS BORRADORES

Como descubrirás, una de las grandes ideas de este libro es que es bueno probar montones de ideas diferentes –hacer lluvias de ideas, hacer bocetos, pensar en más ideas de las que realmente puedas utilizar para quedarte con las mejores y ponerlas en tu canción.

Porque ésa suele ser la mayor diferencia entre los buenos compositores y los grandes compositores –no es que los grandes compositores tengan siempre mejores ideas, es que son mejores probando más ideas para llegar a las mejores y quedarse con ellas.

Y la verdad es que, a veces, una idea que no parecía muy prometedora al principio resulta ser una gran idea más tarde –cuando has reflexionado sobre ella, o has encontrado otra forma de utilizarla, o has descubierto que encaja perfectamente en alguna otra parte de tu canción.

Por eso, uno de los hábitos más importantes que puedes adquirir como compositor es registrar todas las ideas que puedas.

Tal vez eso signifique poner tu teléfono a grabar mientras tocas la guitarra. Tal vez signifique cubrir páginas y páginas con posibles ideas de letras, notas y bocetos. Tal vez signifique crear un proyecto lleno de ideas o versiones aproximadas –o terminar con un archivo de proyecto final titulado «V9.2 Final ACTUAL FINAL (Revisado)».

Lo sé, hacen *reality shows* sobre gente que no puede tirar nada. Les hacen intervenciones. Los llaman acaparadores porque almacenan cosas compulsivamente. Pero esto es diferente –como compositor se supone que debes acumular ideas. Y a menos que tengas una memoria sobrehumana, si no anotas tus ideas, probablemente las olvidarás.

Así que, si terminas este proceso con una canción de tres minutos más un montón de bocetos, notas e ideas sin usar, significa que lo estás haciendo exactamente bien. (El documento donde guardo todas las versiones viejas y recortadas de capítulos de este libro –por si acaso– acaba de alcanzar las 100.000 palabras. Y eso es señal de que estoy haciendo algo bien.)

Ese meme del iceberg que todo el mundo comparte en Internet es un tópico, pero es cierto: tu canción terminada es solo la punta del iceberg, y se asentará en toneladas de ideas que no eran lo suficientemente buenas, o no encajaban bien, o eran la versión ok que tuviste que escribir antes de poder componer la versión genial. Pero siempre merece la pena guardar esas ideas, porque nunca se sabe qué querrás utilizar más adelante.

Y ahí lo tienes –ésas son las cuatro formas importantes de sacar el máximo partido de este libro.

Todo lo que queda por decir –y supongo que la quinta forma de aprovechar al máximo este proceso– es que vayas y te diviertas. Porque no sólo se supone que la creatividad es divertida, sino que cuánto más te diviertas mientras trabajes en este proceso, más cosas emocionantes crearás con él.

Así que si estás listo –por fin– para ponerte a componer, para hacer algo de magia creativa, para dejar tu propia huella creativa en el universo, ya sabes todo lo que necesitas antes de lanzarte.

Así que manos a la obra.

* Nota del editor:

Ed Bell es un compositor inglés. Se han mantenido en su idioma original tanto los ejemplos de canciones como las rimas que muestra en el interior del libro para seguir fielmente su interés creativo y pedagógico. En la mayoría de canciones se ha optado por incorporar la traducción a su lado.

[PARTE 1]
ENCUENTRA
UNA GRAN IDEA
PARA UNA CANCIÓN

En esta parte... *Cómo elegir*
una buena idea para una canción
–y por qué es tan importante

Muy bien. Lo conseguimos. Por fin es hora de empezar a crear.

Si eres como la mayoría de los compositores, probablemente estarás ansioso por tirarte a la piscina y empezar a escribir la letra y las notas que se convertirán en tu canción. Pero antes hay que tomar una decisión fundamental –de qué va a tratar tu canción.

Una de las ideas a la que volveremos una y otra vez en este libro es que, como sea que escribas una canción, casi ningún compositor empieza por el compás 1 o por el verso 1 y va componiendo desde ahí. Las canciones se construyen parte por parte, a menudo empezando con un panorama general y haciendo zoom a partir de ahí. Por eso, el primer paso importante es empezar a pensar en la gran idea, situación o mensaje de la canción –lo que podríamos llamar visión creativa de la canción.

Así que hablemos de cómo funciona esto.

👉 POR QUÉ IMPORTA UNA GRAN IDEA DE CANCIÓN

Una de las características definitorias de cualquier gran obra de arte es su sentido de unidad. Es la sensación de que todo lo que hay en una pintura le pertenece. Es la sensación de que cada parte de un edificio está al servicio de una mayor función o propósito. Es la sensación de que cada escena en una película suma para contar una única y poderosa historia.

Y como compositor, hay montones de cosas que puedes hacer para dar sentido de unidad a una canción. Puedes darle un estribillo que se repita una y otra vez. Puedes mantener la misma tonalidad. Asegurarte de no cambiar a la cantante principal por su hermanastra a mitad de canción.

Pero la forma más importante de dar unidad a una canción es basarla en una única gran idea o visión. Se trata de empezar una canción diciendo «quiero componer una canción que diga _____», o «quiero componer una canción que trate de _____», o «quiero componer una canción que haga _____ y _____».

De hecho, esto resume de manera eficiente la idea fundamental de composición de la que trata esta parte del proceso: **una gran canción se basa en una única idea que puedes resumir en una sola frase.**

Podrías llamarlo idea, visión o frase de presentación de tu canción.

Y asegurarte de que todo en tu canción gira en torno a una cosa de esta manera es una estrategia realmente poderosa por al menos dos razones.

La primera, hace que tu canción sea mucho más fácil de comprender por tu público. Les ofrece un enfoque único para entenderla. Evita que parezca que la estrofa de tu canción trata de una cosa, el estribillo de otra, y el puente de otra. Y ayuda a que la canción te resulte familiar rápidamente, porque no estás pidiendo a tu público que se haga a la idea de siete canciones diferentes en una sola canción de tres minutos.

Y, en segundo lugar, facilita mucho la composición de la canción. Porque, como verás, una vez hayas encontrado la gran idea de tu canción, todo lo demás en este proceso –el título, la letra del estribillo, incluso la forma en que suena tu canción– vendrá de alguna manera de ella. (Ésta es la parte del «Por qué» de la que hablamos en la introducción.)

Y eso no solo hará este proceso de composición más eficiente, también resolverá muchas de las conjeturas en torno a qué componer a continuación o qué podría funcionar o no. Porque en lugar de limitarse a adivinar, tener una gran visión o idea te ayuda a averiguar qué va a encajar con lo que ya hayas escrito, de modo que tu canción suene unificada y no como un mosaico de ideas geniales, pero inconexas.

Y por supuesto, alguna otra vez que compongas podrías empezar con un riff de guitarra genial, o un verso de la letra, o un título, u otra cosa. Y eso está bien.

Pero incluso si lo haces, suele ser difícil tomar decisiones firmes sobre cómo debe sonar la música de tu canción y qué debe decir su letra hasta que no hayas encontrado un único enfoque en torno al cual organizar toda tu canción.

Por eso cuando la gente dice que en composición «la idea lo es todo», lo dicen literalmente. Todo en tu canción va a venir de la gran idea o visión que se te ocurra en esta parte.

Así que empecemos a imaginarnos cuál podría ser.

☞ CÓMO ELEGIR UNA GRAN IDEA PARA TU CANCIÓN

Así que, como ya hemos dicho, tu objetivo aquí es decidirte por una «frase de presentación» (o *elevator pitch*) para tu canción. Se trata de encontrar esa única idea o chispa que te ayudará a crear cada una de las palabras y notas del resto de tu canción.

Y, sinceramente, hay varias formas de hacerlo, pero en la composición de canciones suele reducirse a otra idea realmente fundamental: que **las canciones cuentan historias**.

Sí, lo sé –las canciones no son *Guerra y Paz*. No son *Avatar*. No son la trilogía de *El Señor de los Anillos*. La mayoría de las canciones se basan en historias simples y directas como «te quiero» o «estamos rompiendo» o «¡¿QUÉ hiciste con mi hermana el verano pasado!?».

Todas ellas son historias porque hay gente involucrada, hay emociones involucradas, hay un trasfondo o una historia o al menos una situación. Y aunque la mayoría de las canciones se basan en historias sencillas, pensar en ideas para canciones de este modo es una forma muy eficaz de obtener mucho material con el que crear una canción acabada.

Por eso, por ejemplo, no se encuentran muchas canciones basadas en la gran idea «Una canción sobre la grava». No hay por dónde coger esta idea. No es una historia. Ahí no se da ninguna situación.

Pero que sea «una canción sobre una chica que se arrastra cuesta abajo por un camino de grava a las dos de la madrugada para ver a su novio mientras él duerme en casa» y ya tienes un montón sobre lo que escribir. ¿Por qué se arrastra? ¿Cómo ha terminado en esta situación? ¿Estará esperándola el novio o estará a punto de llevarse una gran sorpresa?

Lo que esto significa para ti es que, en la medida de lo posible, debes pensar en canciones que creen un mundo en miniatura. Debes buscar situaciones que te resulten interesantes y emocionantes –situaciones que existan en más de una dimensión.

Y aquí está el truco: dedica algún tiempo a hacer una lluvia de ideas diferentes. Así es –aunque quieras basar tu canción en una sola idea, la forma de conseguirlo no es pensar solo en una idea, declararte un genio incomparable y seguir adelante.

Lo mejor es pensar en unas cuantas ideas de canción –tal vez relacionadas, tal vez completamente diferentes– para que tengas muchas más opciones de las que necesitas y puedas elegir la que más te entusiasme. (Por cierto, querrás acostumbrarte a esto, porque lo harás una y otra vez en este libro.)

Así que empecemos con la lluvia de ideas.

Para simplificar las cosas –especialmente si ésta es tu primera canción– te recomiendo que te ciñas a tres formatos de canción comunes y probados:

- Una canción «directa» –en la que una persona canta algo a otra. Como una canción de amor o de ruptura.
- Una canción «para el mundo» –en la que el cantante tiene un mensaje que compartir con quien quiera escucharla. Como una canción que diga «He vuelto», o «Nadie va a pararme», o «El racismo está mal».
- Una canción «narrativa» en tercera persona –en la que el cantante es básicamente el narrador que cuenta la historia de una persona o un grupo de personas.

Así que piensa. A ver qué ideas se te ocurren. Todo vale –tanto si se basa en estos tres formatos o como si no. Intenta que se te ocurran, al menos, entre cinco y diez ideas diferentes, y escríbelas en una sola frase del tipo «Una canción sobre _____» o «Una canción que dice _____». Y trata de simplificar tanto como puedas –las mejores ideas para canciones suelen ser asombrosamente, incluso dolorosamente, sencillas.

Como dije en la introducción, tómate todo el tiempo que necesites. Piensa en los tres formatos anteriores si lo necesitas y a ver qué se te ocurre. (Y si realmente estás muy, muy atascado, pasa al Apéndice 1 donde hay una lista rápida de 21 ideas de canciones que puedes utilizar.)

Pero lo hagas como lo hagas, ve a dónde te lleven tu interés y tu curiosidad. Céntrate en lo importante o en lo que te importa en estos momentos –porque si se trata de una idea que te entusiasma, lo más probable es que a otras personas también les entusiasme.

LLUVIA DE IDEAS PARA CANCIONES

Propón al menos cinco –y hasta diez– posibles ideas para canciones.

En esta etapa puede resultar difícil, pero intenta centrarte en historias y situaciones que te parezcan interesantes.

Intenta condensar cada idea en una sola frase del tipo «frase de presentación».

Muy bien. Buen trabajo.

Y ahora que has reunido unas cuantas ideas, solo queda elegir la mejor y darle un poco de cuerpo antes de pasar a la siguiente parte.

Pero primero, vas a tener que decidirte por una única idea.

Así que echa un vistazo a tu lista y veamos cuál te llama más la atención. ¿Cuál de esas ideas te inspira más? ¿Qué ideas te parecen más fascinantes? ¿Qué ideas te hacen pensar «oh, una idea como ésta suena muy bien»?

Una vez más, la única regla es elegir la idea que más te entusiasme. Y tampoco hay que precipitarse. Tómate el tiempo que necesites para decidirte por una idea de canción que te inspire.

Y si hay dos o más ideas que te inspiran por igual, eso es genial. Sólo elige una –y guarda las otras tal vez para más adelante. No hay correcto e incorrecto cuando se refiere a elegir una buena idea de canción– solo se trata de lo que te parezca más interesante.

Y si no estás seguro de si es la idea de canción «perfecta», tampoco pasa nada –nunca porque nadie lo está.

Y ahora repite conmigo: arriesgarse con una nueva idea para una canción es siempre un acto de fe. Y, sinceramente, la mitad del truco para componer una buena canción es tomar una idea y hacer algo audaz con ella.

Así que resumiendo –ahora es un buen momento para confiar en tu instinto, lanzarte y ver adónde te lleva. Lo más probable es que elijas una gran idea. Pero, aunque no sea así, lo más probable es que acabes con una buena canción y con el instinto aún más afilado para la próxima vez –lo cual también es un gran resultado.

Una vez que te hayas decidido por una sola idea para una canción, tendrás que desarrollarla un poco antes de poder utilizarla. Y eso significa responder a tres preguntas importantes:

- ¿Quién está cantando?
- ¿A quién le canta?
- ¿Qué intenta decir?

Así que, intenta responder a cada una de esas preguntas, escribiendo la respuesta debajo de tu idea de canción de una sola frase. Tal vez así:

UNA CANCIÓN EN LA CUAL EL CANTANTE ROMPE CON SU PAREJA

Quién canta: Un chico en la veintena
A quién le canta: A su novia desde hace dos años
Qué intenta decir: Te quiero, pero lo nuestro ya no funciona y tenemos que dejarlo

O así:

UNA CANCIÓN QUE ES UN INSPIRADOR MENSAJE AL MUNDO DICIENDO «¡ÁNIMO! LAS COSAS MEJORARÁN»

Quién canta: Yo, la cantante
A quién le canta: A cualquiera que se sienta mal
Qué intenta decir: Sé positiva. Las cosas mejorarán

¿Tal vez la cantante acaba de pasar por un momento difícil y quiere dar un poco de ánimo a los demás? Podría usar partes de su historia para animar a otras personas.

Como ves en el segundo ejemplo, también he incluido varias notas e ideas adicionales. Hacerlo así es totalmente opcional, pero si se te ocurren cosas mientras aclaras la gran idea de tu canción, merece la pena que las anotes, sobre todo si te ayudan a responder por qué tu cantante tiene que decir lo que tiene que decir. Cualquier idea o contexto adicional te ayudará a la hora de escribir la letra.

Y ya está. Esa es la primera parte. Y eso es todo lo que hay que hacer para encontrar la gran idea de canción que te acompañará durante el resto del proceso.

Así que dedica algo de tiempo a elegir la idea con la que quieres seguir avanzando, y asegúrate de que está lo suficientemente desarrollada como para ser útil en la siguiente parte. Nos vemos allí en cuanto estés listo.

ELIGE UNA IDEA PARA LA CANCIÓN

Elige la idea de canción «frase de presentación» con la que más te entusiasme trabajar.

Escribe debajo tus respuestas a estas tres preguntas clave: 1) ¿Quién canta? 2) ¿A quién le canta? 3) ¿Qué intenta decir?

Si se te ocurre algún otro detalle o información relacionada con la idea de tu canción, también puedes anotarlo.

[PARTE 2]
ELIGE UN **GANCHO**
LÍRICO (O TÍTULO)

En esta parte... *Cómo utilizar la idea de tu canción para elegir un gancho lírico potente, o título*

De acuerdo. A continuación, en este viaje a través del tiempo, el espacio y la composición de canciones, es hora de pensar en escribir el **gancho lírico**, o título, de tu canción.

Si llevas tiempo componiendo canciones, probablemente ya habrás oído la palabra «gancho». Uno de los objetivos al componer una canción es hacerla lo más memorable o pegadiza posible, y una forma de conseguirlo es incluir muchos «ganchos» –ideas musicales y líricas que son lo suficientemente repetitivas y distintivas para enganchar al oyente de manera que no vaya a olvidar tu canción en un futuro cercano.

Y eso significa que prácticamente cualquier cosa puede ser un gancho –una melodía vocal pegadiza, un nítido riff de guitarra, incluso un ritmo de batería específico o algún tipo de solo instrumental.

Pero el gancho lírico de una canción –una palabra o frase que se repite mucho en su letra, y que generalmente también es el título de la canción– va mucho más allá de eso. Los ganchos líricos no se limitan a usar la repetición para hacer que la canción sea memorable o pegadiza –si eliges uno bueno, también ayudará al oyente a entender de qué trata la canción.

Y para que quede claro: sí, la mayoría de los ganchos líricos de las canciones son también sus títulos. Así, «Yesterday», «I Want to Break Free» o «Single Ladies» son ganchos líricos que también son títulos. Así que muchos compositores simplemente los llaman títulos. Pero yo no lo hago, porque a veces –por las razones que explico con más detalle en mi libro *El Arte de Componer*– una canción tiene un título diferente de su gancho lírico. Para que quede claro, en este libro vamos a usar el término «gancho lírico».

En una canción estrofa–estribillo, el gancho lírico casi siempre va en el estribillo. Hablaremos de cómo funciona exactamente en la Parte 3, pero por ahora, tu trabajo consiste en idear la palabra o frase que vas a usar como gancho lírico de tu canción.

Y, en resumen, eso se reduce a un principio importante: **un buen gancho lírico es una palabra o frase que sintetiza nítidamente de qué va la canción**. (¿Recuerdas cuándo dije que todas las demás partes de tu canción iban a venir de alguna manera de tu gran idea de canción?)

Así, «Yesterday» *(Ayer)* es una canción sobre cómo la vida amorosa de un tipo empezó a ir mal, precisamente, ayer. «I Want to Break Free» *(Quiero Liberarme)* es una canción sobre alguien atrapado en una relación de la que quiere, sí, liberarse. Y «Single Ladies» *(Mujeres Solteras)* es una canción con un mensaje sobre la lealtad y la dignidad dirigido especialmente a, lo has adivinado, todas las mujeres solteras.

Y para hacer esto tú mismo –tomar la gran idea de tu canción y utilizarla para elegir un gancho lírico– aquí tienes unas cuantas pautas importantes:

- A veces, un gancho lírico es un resumen rápido del mensaje de la canción –como «Ojalá me lo hubieras dicho»– y a veces está relacionado con el mensaje de forma más imprecisa –como «Pequeñas mentiras piadosas».

- Si te sientes aventurero, un gancho lírico puede ser más ambiguo o críptico, como «No te escondas» –o incluso metafórico– como «En medio del frío». (Probablemente te habrás fijado en que todos estos diferentes ganchos líricos se basan en la misma idea de canción, sólo que unos lo expresan más directamente que otros.)

- Pero lo que sea que elijas, un buen gancho lírico –como cualquier buena letra– suena natural y familiar, como una persona hablando. Así, «Pequeñas mentiras piadosas» es un buen gancho lírico, pero «El problema de la deshonestidad» no lo es, porque nadie habla así en realidad.

- Además, un buen gancho lírico es por lo general bastante específico. «No» y «Pasando» normalmente no serían ganchos líricos potentes, porque por sí solos no significan mucho. El gancho lírico no revela de qué trata exactamente la canción, pero ayuda si eliges una palabra o frase que nos dé una pista. Así que algo como «No mientas» o «¿Qué está pasando?» estaría mucho mejor.

■ Respecto a cuánto debe revelar tu gancho lírico, no hay reglas sobre cómo debe ser de largo o corto. Pero como regla general, los buenos ganchos líricos pueden ser cualquier cosa que vaya desde una sola palabra impactante –como «Mentiras»– a una expresión o frase entera de unas siete u ocho palabras –como «Si descubro lo que escondes» o «Dime la verdad».

Y esto es básicamente todo lo que hay que hacer para que esta corta pero importante parte del proceso funcione.

Así que, al igual que en la Parte 1, tómate un tiempo para hacer una nueva lluvia de ideas de todo lo que podría ser un buen gancho lírico para tu canción. Y como en la Parte 1, todo vale –sólo piensa en un montón de palabras o frases específicas que se relacionen con la gran idea de tu canción, o que expresen la gran idea de tu canción, o sencillamente que estén conectadas con la gran idea de tu canción de algún modo.

Intenta no corregirte o restringirte todavía –a veces la mejor idea suena como la más loca al principio. Y simplemente céntrate en anotar al menos diez ideas diferentes– pero si puedes, ten como objetivo quince o veinte –que puedan ser un gancho lírico genial para tu canción.

CANCIÓN SOBRE EL ENGAÑO. IDEAS PARA EL GANCHO LÍRICO

Ojalá me lo hubieras dicho	Mentiras
No te escondas	Las mentiras duelen
Dime la verdad	Pequeñas mentiras piadosas
No me mientas	Demasiadas mentiras
Secretos ocultos	Déjame entrar
No puedo hacerlo	Todo lo que quería es honestidad
Si descubro lo que escondes	Dilo
En medio del frío	Deja de esconderte de mí
Fuera en soledad	La honestidad es gratis
¿Qué está pasando?	No puedo contigo

Y una vez que lo hayas hecho, como en la Parte 1, ha llegado el momento de elegir una para seguir adelante.

Y como antes, gran parte de esto se reduce al instinto. Todos los ganchos líricos que se me ocurrieron para la lista funcionarían para una canción basada en la idea de alguien que dice «Dime la verdad», solo que de formas diferentes. Pero dependiendo del tipo de canción que quieras componer –y del tipo de compositor que seas– algunas de ellas te parecerán más interesantes y divertidas para usarlas.

Así que coge tu lista de ganchos líricos, y mira cuáles de ellos te llaman más la atención. Averigua cuáles te parecen más interesantes o cautivadores. Tal vez expresen tu gran idea de canción directamente, tal vez sean interesantes porque son una manera más original o inusual de expresar esa gran. Por ahora, vamos a suponer que el título de tu canción va a ser su gancho lírico –así que genial si una de tus opciones suena estupenda como palabra o frase para el título.

O –como ocurre a veces– si revisando tu lista de potenciales ganchos líricos te surge una nueva idea genial, adelante con ella. A veces el gancho lírico ideal se te ocurre combinando o mezclando un par de las ideas que ya tienes.

Pero sea como sea, quédate con una sola palabra o frase que creas que sintetiza la idea de tu canción, tema o mensaje de forma que te suene bien. Entonces anótala en algún sitio –en una nueva hoja de papel, en un post-it, donde quieras.

Porque a continuación, llegó la hora de trabajar en la letra de la canción convirtiendo tu gancho lírico en un estribillo entero.

ELIGE UN GANCHO LÍRICO

Toma la idea o mensaje central de tu canción e intenta pensar en al menos diez posibles ganchos líricos que encapsulen bien esa idea o mensaje.

Luego, elige de esa lista el gancho lírico que más te entusiasme. Intenta elegir una palabra o frase que sea interesante y que exprese la idea de tu canción de un modo familiar.

[PARTE 3]
ESCRIBE LA LETRA DEL ESTRIBILLO

En esta parte… *Cómo utilizar el gancho lírico de tu canción para componer un estribillo entero –y pegadizo.*

Vale. Ha llegado la hora de ponernos a escribir la letra de tu canción. Y para hacerlo, empezaremos con el estribillo.

Y si te estabas preguntando por qué empezaremos a escribir por la mitad, es porque en una canción de estrofa–estribillo, el estribillo suele ser la sección que realmente llega al meollo de la canción. A menudo tiene sentido empezar a escribir desde ahí, porque una vez has descifrado el corazón y el alma de lo que va a ser tu estribillo, suele ser más fácil construir las demás secciones de la canción a su alrededor.

Dicho esto, no hay por qué empezar a escribir primero la letra de la canción. Aunque puede tener sentido empezar a escribir el estribillo de la canción, antes que nada, la verdadera respuesta a la vieja pregunta «¿Hay que escribir primero la música o la letra?» es «No importa». Muchas grandes canciones se han escrito primero con la música y muchas otras con la letra. De hecho, muchas se escriben a la vez –un poco de música, un poco de letra, otro poco de música, otro poco de letra– y francamente, mientras la música y la letra encajen al final, lo que escribas primero da igual.

Pero para simplificar las cosas, vamos a centrarnos en una parte cada vez, empezando por la letra del estribillo. Para ello, utilizaremos el gancho lírico que elegiste en la Parte 2 para construir una letra de estribillo completa –y dejaremos la música del estribillo para la Parte 4.

Entonces, para hacerlo te recomiendo escribir un estribillo de 8 versos. No hay ninguna norma que diga que los estribillos deben tener 8 versos. Pero un estribillo de 8 versos vendría a ser lo más estándar en composición, y generalmente no cuesta demasiado hacer que funcione, así que eso es lo que te recomiendo.

Básicamente hay dos cosas que intentas conseguir cuando escribes la letra del estribillo.

Primero, necesitas incorporar tu gancho lírico en un lugar destacado dentro de ese estribillo. Porque si el estribillo es la sección en la que realmente se llega al meollo de la canción y el gancho lírico es una palabra o frase que ayuda a dejarlo claro, hay que asegurarse de que el gancho ocupa un lugar destacado.

En la práctica, eso suele significar ponerlo en un lugar prominente –como en el primero o último verso– y/o repetirlo varias veces para asegurarse de que el público capta realmente que se trata del gancho lírico. (Sinceramente, para que un gancho tenga «gancho» hay que repetirlo mucho.) Así que, como regla general, está bien intentar que haya al menos dos o tres repeticiones del gancho lírico en un estribillo de 8 versos.

En segundo lugar, para las partes que no son el gancho lírico de la canción, necesitas inventar palabras, frases e ideas que exploren o amplíen lo que dice el gancho lírico. En otras palabras, necesitas integrar el gancho lírico en todo el estribillo sin que se note, de forma que no suene forzado o metido en calzador.

En un segundo hablaremos específicamente de lo que esto significa para los estribillos, pero por ahora todo se reduce a una importante regla general: **cada verso de la letra debe estar relacionada de algún modo con la gran idea de tu canción.**

Wow. Lo sé. Eso suena a teoría pura y dura. Pero es cierto –en una buena letra, casi cada frase, idea o imagen está relacionada de algún modo con el mensaje o idea general de la canción. Nada en la letra es aleatorio o un accidente– todo funciona en conjunto para explorar esa gran idea.

Y sí, es otro ejemplo de por qué tener una sola idea clara para tu canción es tan importante –porque, tal y como hablamos en la Parte 1, te da un foco a partir del cual puede surgir todo lo demás en tu canción.

Hablemos de cómo se aplica esto exactamente a la letra del estribillo.

☞ COLOCA TU GANCHO LÍRICO

Así que, si tus dos principales objetivos para la letra del estribillo son destacar el gancho lírico y rodearlo de palabras y frases que lo apoyen de algún modo, hay un número prácticamente ilimitado de formas de conseguirlo.

Pero en este proceso, empezaremos pensando en cómo vas a poner, o situar, tu gancho lírico en la canción, y luego nos centraremos en construir el resto de la letra en torno a él.

Si es la primera vez que compones una canción, te recomiendo encarecidamente que coloques el gancho lírico en los versos 1, 3 y 7 –porque es un formato que funciona bien para la mayoría de los ganchos líricos y no es demasiado complicado. (Y porque es el formato del que voy a hablar con mucho más detalle en adelante.)

Pero si eso te parece demasiado repetitivo para el gancho lírico que elegiste, o no es tu primera vez en el ruedo y te apetece mezclar un poco las cosas, podrías probar colocando sólo dos veces tu gancho lírico en los versos 1 y 5, o 4 y 8 en su lugar. (De nuevo, no hay reglas de cómo y dónde repetir el gancho lírico en una canción –estos son solo algunos formatos sencillos pero efectivos. Hablo más de todo esto– además de otros formatos habituales para colocar el gancho lírico en *El Arte de Componer*.)

TRES SENCILLAS COLOCACIONES DEL GANCHO EN UN ESTRIBILLO DE 8 VERSOS

1 GANCHO	1 GANCHO	1
2	2	2
3 GANCHO	3	3
4	4	4 GANCHO
5	5 GANCHO	5
6	6	6
7 GANCHO	7	7
8	8	8 GANCHO

Así que, para empezar, te recomiendo que saques un bloc de papel rayado o que abras un documento en blanco y escribas o teclees esto:

1

2

3

4

5

6

7

8

Lo sé, lo sé. Es una obra maestra prelírica. Y probablemente nunca adivinarás cómo se me ocurrió... Pero en serio –más tarde te desharás de estos números. Solo están ahí de momento para ayudarte a construir la letra.

A continuación, coloca tu gancho lírico de acuerdo con el formato o esquema que quieras probar.

Si tu gancho lírico es una expresión o frase completa, eso va a ser bastante sencillo porque tu gancho lírico llenará el verso. Por ejemplo, si el gancho lírico es «I wanna dance with somebody», el estribillo quedará más o menos así:

1 I wanna dance with somebody   *Quiero bailar con alguien*

2

3 I wanna dance with somebody

4

5

6

7 I wanna dance with somebody

8

Si tu gancho lírico es una sola palabra o un par de palabras, puedes utilizarlo solo y acabar con unos versos muy cortos –y a veces eso funciona bien. Pero seguramente necesitarás incorporar esta palabra o palabras gancho dentro de un verso más largo que tenga sentido como frase completa.

Así, para el gancho lírico «Superado», podrías inventarte algo así:

1 Lo he superado
2
3 Lo he superado
4
5
6
7 Oh, lo he superado
8

O, si quieres esforzarte un poquito más, puedes introducir diferentes formas de llegar al gancho lírico:

1 Lo he superado
2
3 Finalmente lo he superado
4
5
6
7 Puedes estar segura, lo he superado
8

Y si optas por este plan más ambicioso, sólo un consejo extra: aunque está bien variar la forma de incorporar el gancho más corto como quieras, debes asegurarte de que las frases que se te ocurran siguen siendo igual de fuertes –o más– a medida que avanza el estribillo. (Este es, por cierto, otro buen principio de composición de canciones en general: asegúrate que lo que repites se mantiene fuerte o va aumentando su fuerza a medida que avanza la canción.)

En otras palabras, asegúrate de que la forma en que incorporas tu gancho lírico no debilite su significado cada vez –como «Lo he superado», luego «Creo que lo he superado» y después «Puede que lo haya superado». Porque si se trata de una canción que habla de la superación de un fracaso sentimental, no querrás vaciar el gancho lírico de su impacto usándolo de una forma cada vez más dubitativa a medida que avanza la canción.

Sea cual sea el formato que elijas, introduce el gancho tantas veces como lo exija tu plan o esquema. (Y si seguiste el plan de utilizar los versos 1, 3 y 7 para colocar el gancho, enhorabuena –ya has escrito más de un tercio de la letra del estribillo.)

Una vez hecho esto, podemos empezar a construir los demás versos en torno a los versos de gancho lírico que acabas de añadir.

👉 ESCRIBE EL RESTO DE TU ESTRIBILLO

Ahora viene la parte un poco más difícil pero más interesante y creativa – construir el resto del estribillo en torno a las repeticiones del gancho lírico.

De nuevo, tu objetivo más importante aquí es encontrar palabras, frases e ideas que apoyen o amplíen el gancho lírico de tu canción. Y, en la medida de lo posible, debes incorporar el gancho lírico como si estuviera ahí de forma natural, y no como si lo hubieras entrado a la fuerza porque te lo decía un libro de composición.

Y sí, lo sé –acabamos de plantar el gancho lírico en el estribillo unas cuantas veces. Pero éste es el engaño o el artificio del arte– hacer que todas esas repeticiones de tu gancho lírico encajen con tal naturalidad que no parezca que los pusiste ahí a propósito. Incluso si lo hiciste.

¿Y cómo lo haces?

Para demostrarlo, imaginemos que vas a utilizar el primer esquema de gancho lírico que recomendé antes –con tu gancho en los versos 1, 3 y 7. Y luego imaginemos que vas a continuar esa falsa versión de «I wanna dance with somebody». (Hablando en serio, por ahora está bien usar cualquier gancho lírico o título que quieras. Pero en la vida real es mejor que evites copiar un título famoso para tu canción –a menos que se trate de un título corto o más genérico, como «Hola» o «Contigo», y has encontrado un ángulo o una idea original con la que utilizarlo.)

De todos modos, en este pequeño homenaje a Whitney Houston que estoy usando para mostrarte cómo funciona esta parte, esto es lo que ya tenemos para los versos del 1 al 4:

1 I wanna dance with somebody
2
3 I wanna dance with somebody
4

...

Y así, para rellenar los versos 2 y 4, tienes que escribir algo que extienda, continúe o sencillamente se relacione de algún modo con la idea central

«I wanna dance with somebody». (Rápida nota aparte: si colocaste tu gancho lírico más adelante en tu estribillo, como en los versos 4 y/o 8, deberás hacerlo a la inversa –en vez de hacer el resto de la letra a partir del gancho, tendrás que escribir algo que te lleve a él.)

Así que «I wanna dance with somebody, ¡porque me encanta bailar!» es genial –nos da un poco más de contexto y amplía la idea básica. O «I wanna dance with somebody, especialmente el chachachá» también es un buen comienzo –porque es otra ampliación, y se queda en el tema del baile.

Sin embargo, algo como «I wanna dance with somebody, ¿¿y qué diablos hay para desayunar??» no es una buena opción. Se sale completamente del tema y resulta extraño, incluso tan solo leyéndolo en esta página.

Así que, con esto en mente, intenta crear un verso 2 que parezca una extensión o continuación de tu gancho lírico. Esto es lo que se me ocurrió:

1 I wanna dance with somebody	*Quiero bailar con alguien*
2 'Cos dancing's what I love to do	*Porque bailar es lo que me gusta hacer*
3 I wanna dance with somebody	
4	
…	

Seré sincero –no es el verso más profundo que he escrito. Pero funciona –extiende y amplía el gancho lírico. Se queda en el tema y nos da un poco más de información en torno a la idea central de la canción. Y el gancho lírico no aparece metido en calzador –se amolda naturalmente entre los demás versos.

El verso 2 es igual de largo que el verso 1, más o menos –lo cual hará las cosas mucho más fáciles más adelante, cuando tratemos de dar una melodía a la letra. Y elegí concretamente un verso 2 terminado en una palabra como «do» para que no me cueste tanto trabajo tratar de rimar con ella.

Hablando de rimar, si eres nuevo en este proceso –e incluso si no lo eres– te recomiendo encarecidamente que uses un **esquema de rima** en el cual pruebes de rimar la última palabra del verso 2 con la última palabra del verso 4, y lo mismo con el verso 6 y el verso 8. (A veces se resume como XAXAXBXB, donde los versos «A» y los versos «B» riman entre sí, mientras que los versos marcados con «X» no riman con ninguno de los otros.)

Si llevas tiempo componiendo, sabrás que existen diferentes tipos de rima, como **rima consonante** («*high*» y «*lie*») («*altura*» y «*mentira*») y **rima asonante** («*high*» y «*like*») («*altura*» y «*gustar*»).

Puedes usar cualquier tipo de rima –o una mezcla de ambos– en este proceso, pero si quieres saber más sobre cómo funciona la rima, puedes consultar la caja de herramientas a continuación. (Y, como de costumbre, en *El arte de Componer* hay más información sobre esquemas rítmicos y tipos de rima.)

RIMAS Y ESQUEMAS DE RIMA

CAJA DE HERRAMIENTAS

En resumen, dos palabras riman cuando terminan con el mismo sonido, pero empiezan con un sonido diferente.

Las rimas en consonante son combinaciones exactas –como «*cat*» y «*mat*» («*gato*» y «*alfombra*»)– mientras que **las rimas en asonante** o **medias rimas** son combinaciones parecidas –como «*cat*» y «*mad*» («*gato*» y «*loco*»), o incluso «*met*» o «*map*» («*conocí*» o «*mapa*»).

Cuando pronuncias palabras con más de una sílaba, algunas sílabas reciben el acento prosódico –como en las palabras «*ta–BOO*» o «*MOR–ning*» («*tabú*» o «*mañana*»)– y eso también afecta la forma en que riman.

En concreto, el patrón de acentuación al final de palabra debe coincidir –por lo que podrías rimar «*ta–BOO*» con «*BLUE*» o «*a–DIEU*» o «*mis–con–STRUE*» («*tabú*» con «*azul*» o «*adiós*» o «*malinterpretar*»).

Pero suena raro si tratas de rimar «*MOR–ning*» con «*WING*» o «*ker–CHING*» («*mañana*» con «*ala*» o «*¡cling caja!*»). porque los acentos tónicos no coinciden. Por lo que en su lugar deberías probar algo como «*AWN–ing*» o «*fore–WARN–ing*» («*toldo*» o «*advertencia*»).

Algunos compositores apuestan por las rimas consonantes y otros creen que las rimas asonantes son más que suficientes –así que depende de ti qué tipo utilices.[1]

El **esquema de rima** en una canción –o en una de sus secciones– es el plan de organización de sus rimas. Normalmente se usa una notación en la que una «X» muestra los versos que no riman, mientras que los versos que riman entre sí reciben letras alfabéticas para mostrar que coinciden.

Así que, por ejemplo, XAXAXBXB significa que los versos pares riman alternativamente –los versos 2 y 4 riman, y luego los versos 6 y 8 riman con diferentes sonidos.

XAXAXBXB es probablemente el esquema de rima más común en la composición de canciones, y por eso lo recomiendo para este proceso, pero hay otras alternativas populares:

TRES ESQUEMAS DE RIMA EFECTIVOS PARA UN ESTRIBILLO DE 8 VERSOS

XAXAXBXB	XXXAXXXA	AABBCCDD

Por último, la forma más común de utilizar la rima en la composición de canciones es la **rima final** –en la que rima la última palabra de cada verso. Pero a veces también se pueden crear **rimas internas**, es decir, dos o más rimas en un mismo verso.

Si has decidido utilizar un esquema de rima XAXAXBXB, eso significa que la primera pieza del rompecabezas es encontrar un par de rimas para terminar los versos 2 y 4. Así que si se te ocurrió un gran segundo verso terminado con la palabra *«pencil»* o *«Sagittarius» («lápiz» o «Sagitario»)*, ahora puede ser un buen momento para replanteártelo.

Pero si no lo hiciste –si escribiste un segundo verso que tiene sentido como continuación o ampliación del verso 1 y termina con una palabra que no va a ser una pesadilla para rimar, eso es genial.

---

1. «Pero, independientemente de las rimas que utilices, conviene estar atento a las **identidades**, que son pares de palabras que pueden parecer y sonar como si rimaran, pero no lo hacen.
Dos palabras son identidades cuando sus últimas sílabas tónicas suenan exactamente igual, como *«SEEN»* y *«obSCENE»*, o *«BOUT»*, *«a-BOUT»* and *«round-a-BOUT»*. Y como las últimas sílabas tónicas suenan igual, terminan con el mismo sonido y empiezan con el mismo sonido, entonces no se ajustan a la definición de rima.
Si comparas un par de verdaderas rimas –como *«bout»* y *«doubt»*– con un par de identidades –como *«bout»* y *«about»*– oirás que las identidades no suenan tan bien cuando las dices en voz alta. Así que, si puedes, siempre vale la pena usar rimas propias en lugar de identidades. (Referencia específica a la rima en lengua inglesa. Nota de la traductora.)

Luego, para encontrar un verso que rime con el verso 4, harás exactamente lo mismo que hiciste con el verso 2, excepto que ahora tienes el objetivo un poco más difícil de continuar o ampliar tu gancho lírico con un verso que también rime con lo que escribiste en el verso 2.

A veces –y sobre todo si llevas tiempo escribiendo– se te ocurre algo bastante rápido. Si no, una buena táctica es empezar buscando palabras que rimen entre sí o frases que puedan terminar en tu verso 4. Así, si tu verso 2 termina con la palabra «do», hay que hacer una lista rápida de palabras que rimen con «do» que también pertenezcan al mundo del que trata la canción.

Así que, en este caso, palabras como «you» o «too» o «through» o «true» («tú» o «también» o «a través» o «verdad») son rimas geniales para tu selección. Pero palabras como «cockatoo», «Timbuktu» o «merci beaucoup» no son tan geniales porque probablemente te resultará difícil usarlas sin decir nada raro o enrevesado, o que no esté realmente relacionado con la idea principal de tu canción. Y, por cierto, siempre puedes usar un diccionario de rimas o un sitio como https://es.azrhymes.com/ para encontrar rimas –pero sigue siendo importante elegir palabras que signifiquen algo relacionado con la gran idea de tu canción, y no solo palabras que rimen.

Entonces una vez que tengas tu selección, puedes empezar a jugar a encontrar versos que rimen y también encajen con tu idea de canción. Así que con mi ejemplo, podrían ser algo como «And I really wanna dance with you», o «Dancing is my life, it's true» o «I wanna dance the whole night through.» («Y realmente quiero bailar contigo» o «El baile es mi vida, es cierto» o «Quiero bailar toda la noche»).

Probablemente tendrás que probar con varios versos –al menos una media docena, o tal vez más. Entonces, una vez tengas algo que te guste –que tenga sentido en el contexto de tu canción y rime– puedes introducirlo:

1 I wanna dance with somebody	*Quiero bailar con alguien*
2 «Cos dancing's what I love to do.	*Porque bailar es lo que me gusta hacer.*
3 I wanna dance with somebody	*Quiero bailar con alguien*
4 I wanna dance the whole night through	*Quiero bailar toda la noche*
5	
6	
7 I wanna dance with somebody	
8	

Y voilà –más de la mitad de tu letra del estribillo está terminada.

Y si estabas pensando «Espera, pero el verso 4 ¿no está diciendo básicamente lo mismo que el verso 3, pero de manera diferente?», pues sí, sí lo hace. La idea es que cada verso de la letra debe estar relacionado con el mensaje principal de la canción –y en cuanto a la letra de los estribillos, eso significa que normalmente repiten el mensaje principal una y otra vez, de formas ligeramente distintas, con detalles o palabras ligeramente diferentes. Y aunque eso pueda parecer demasiada repetición mientras escribes, resulta que es exactamente lo que hace que tu estribillo parezca un pensamiento fuerte y unitario cuando la gente lo escucha.

Ahora vayamos a la segunda mitad del estribillo.

Con la segunda mitad de la letra del estribillo, voy a sugerirte que empieces por el verso 8. Esto es porque, como verso final del estribillo, quieres salir con una explosión –o al menos terminar con un verso final potente– por lo que suele ser un buen verso para empezar.

Una vez más, deberás pensar en unos cuantos versos diferentes que parezcan ampliar, continuar o complementar tu verso de gancho lírico. Excepto que esta vez, si se te ocurre algo que parezca un poco más definitivo, o que le dé un toque ligeramente diferente a tu gancho lírico, será una ventaja.

Después de jugar un poco, esto es lo que conseguí:

1 I wanna dance with somebody	*Quiero bailar con alguien*
2 'Cos dancing's what I love to do.	*Porque bailar es lo que me gusta hacer.*
3 I wanna dance with somebody,	*Quiero bailar con alguien*
4 I wanna dance the whole night through.	*Quiero bailar toda la noche*
5	
6	
7 I wanna dance with somebody	*Quiero bailar con alguienv*
8 'Cos it's my time to shine.	*Porque es mi momento de brillar*

Y lo sé –ese verso final no echa por tierra toda la letra. No hará que nadie se estruje la cabeza y reconsidere todo el significado de los versos precedentes. Y ni falta que hace.

Pero sí añade algo extra a la idea –que el baile va de mostrarse y soltarse. Y entonces, si puedes guardarte algo para tu verso final que nos dé esa cosita extra, le dará un toque realmente atractivo.

Ahora solo quedan por escribir los versos 5 y 6. Si pones tu gancho lírico en los versos 1, 3 y 7, los versos 5 y 6 –el único lugar de la letra sin el gancho lírico– son una buena oportunidad para salirse por una pequeña tangente que siga relacionada con el mensaje principal de tu canción, pero que le añada un poco de contraste.

Y como antes, si no tienes ni idea por dónde empezar, un buen primer paso es hacer una lista de posibles rimas finales para el verso 6. Así en mi ejemplo, porque el verso 8 termina en *shine*, una buena selección de rimas incluye palabras como *(«mío»* o *«bien»* o *«nueve»* o incluso *«divino»*, pero no *«bovino»* u *«oleoducto»)*.

Ah, y vigila con las **identidades** –palabras como *(«brillar»* y *«luz de luna»)*, que no son realmente rimas porque ambas terminan con la misma sílaba *«–shine»*.

Y luego, una vez más, puedes tomar tu selección de rimas y ver adónde te lleva para los versos 5 y 6. Estás buscando un par de versos que sigan relacionados con el mensaje principal de tu estribillo, pero que quizá se desvíen un poco de él, y que terminen definitivamente con una de las rimas que has anotado.

Como de costumbre, esta es una gran oportunidad para probar distintas ideas – porque, como de costumbre, no siempre darás con tu mejor idea a la primera. A veces te llevará tres, cuatro o incluso veinte intentos antes de que encuentres algo genial. Así que después de hacerlo para esta canción, esto es lo que se me ocurrió para los versos 5 y 6 y que añadí al resto de la letra:

1 I wanna dance with somebody	*Quiero bailar con alguien*
2 'Cos dancing's what I love to do.	*Porque bailar es lo que me gusta hacer.*
3 I wanna dance with somebody,	*Quiero bailar con alguien*
4 I wanna dance the whole night through.	*Quiero bailar toda la noche*
5 This week had me feeling down	*Esta semana me hizo sentirme mal*
6 But now I'm feeling fine.	*Pero ahora me siento bien*
7 I wanna dance with somebody	*Quiero bailar con alguien*
8 'Cos it's my time to shine.	*Porque es mi momento de brillar*

Me gusta esta versión porque da un poco de contraste en la letra del estribillo al hablar de la semana anterior y ayudarnos a entender por qué la persona que canta se siente como se siente.

Y eso es todo. Eso es realmente todo lo que hay que hacer para escribir una letra de estribillo que incorpore el gancho lírico en lugar destacado, a la vez que asegurando que el resto de la letra amplía y refuerza ese gancho.

De nuevo, si te lleva un par de intentos llegar a los versos que te gustan, es normal. Y si te lleva bastante tiempo pensar en opciones para algunos de los versos –sobre todo cuando intentas escribir versos que hacen tres cosas a la vez– también es normal.

Como dije en la introducción, realmente no existe ningún método infalible para escribir buenas canciones. Todo lo que puedes hacer es entender qué idea buscas en general, luego probar diferentes cosas hasta que encuentres la solución que funciona.

Para abreviar este capítulo, me he ahorrado escribir todos los versos que he probado para componer el estribillo –pero te diré la verdad, me ha llevado mucho más tiempo escribir esta parte de lo que te habrá llevado a ti leerla. Así que no te desanimes si te lleva mucho tiempo escribir la letra de tu estribillo.

Por último, si decides utilizar un esquema de gancho lírico distinto del que te he mostrado –que sitúe el gancho lírico en un lugar distinto de los versos 1, 3 y 7– obviamente todos los principios de los que hemos hablado siguen siendo válidos. Debes asegurarte de que tu gancho lírico quede bien integrado en la letra, y sigue siendo una buena idea crear una letra para el estribillo que repita una y otra vez el mensaje principal de la canción, de formas ligeramente diferentes. Aunque, por supuesto, la forma exacta de hacerlo será diferente.

Pero elijas el formato de gancho lírico que elijas, es buena idea apostar por algo sencillo y encajarlo en un esquema de rima también sencillo. Y a partir de ahí, lo único que tienes que hacer es seguir jugando con palabras y frases relacionadas con el mensaje principal de tu canción hasta que des con algo que te suene bien.

ESCRIBE LA LETRA DEL ESTRIBILLO

Crea el espacio para ocho versos y sitúa el gancho lírico que elegiste en la Parte 2 en al menos dos de ellos.

Ahora escribe el resto del estribillo en torno a tu gancho lírico, procurando que tu letra parezca incluir tu palabra o frase de gancho de forma natural.

Utiliza un esquema de rima sencillo, como XAXAXBXB, e intenta que cada verso sea breve y directo.

A estas alturas ya deberías tener el estribillo completo de tu canción. Y si es así, bravo –es un gran comienzo.

Si quieres tomarte un momento para retocar o modificar tu canción, no hay problema. Si tu gancho lírico era solo una o dos palabras, puedes modificar los versos que lo incluyen si eso aclara la letra o la hace más fluida. O puede que tengas otros pequeños cambios que quieras hacer ahora que tienes todo el estribillo delante de ti. (Te habrás dado cuenta de que he añadido un descarado *«yeah»* al inicio del verso 7 de mi ejemplo.)

Pero, como antes, no te obsesiones con esto eternamente. Lo más importante es que tengas una letra que funcione para que puedas seguir adelante con este proceso. Y no te preocupes si tu letra parece muy simple o sencilla en la página –es normal. Cantar una letra siempre la enriquece, por lo que a menudo es mejor asegurar una letra y dejarla tal y como está, aunque parezca demasiado básica, porque una vez le añadas música, esta simplicidad suele ser muy efectiva.

Y hablando de añadir música a tu letra, en eso vamos a centrarnos a continuación.

PARTE 4

COMPÓN

LOS ACORDES, LA MELODÍA Y EL ACOMPAÑAMIENTO
DEL ESTRIBILLO

En esta parte... Cómo componer la música –los acordes, la melodía y el acompañamiento– que vaya con la letra de tu estribillo.

Bravo –estás haciendo grandes progresos. Y para seguir así, ahora empezarás a componer la música de tu canción, empezando por la música que va con el estribillo que acabas de escribir.

Como hablamos en la Parte 3, tu estribillo es la sección que realmente va al meollo de tu canción, así que suele ser el lugar ideal para empezar a crear su música. En la mayoría de los casos, una vez sepas cómo va a sonar tu estribillo, es mucho más fácil construir las demás secciones a su alrededor.

Por eso en esta parte vamos a lanzarnos de cabeza en un montón de poderosas técnicas de composición musical –para elaborar progresiones de acordes, componer melodías vocales pegadizas y crear grandes acompañamientos instrumentales– todo a través del prisma de cómo componer un gran estribillo.

Para hacerlo, nos pondremos algo técnicos en la forma en que veremos los acordes, melodías y ritmos –así que abróchense los cinturones, porque ésta es la parte más épica de todo el proceso. Pero la buena noticia es que todas las técnicas de las que hablaremos serán de un valor incalculable para todo lo que crees en el futuro –y no sólo para componer estribillos.

Además, para hacer esta megaparte más fácil de trabajar, la he dividido en cuatro secciones con sus propios subtítulos.

En la primera, tomarás algunas decisiones generales sobre la canción –la tonalidad, el compás y el tempo. A partir de ahí, compondrás una progresión de acordes, una melodía vocal y un ritmo instrumental, uno por uno.

Como siempre, la clave de este proceso es trabajar a tu ritmo, y especialmente en esta parte, vale la pena ir lo suficientemente despacio para asegurarte de que vas entendiendo todo cómo funciona. Y aunque la primera sección de esta parte no es demasiado complicada, las otras tres son más sustanciosas. Así que, aunque hayas conseguido pasar sobre las Partes 1, 2 y 3 con bastante rapidez, si quieres tomarte un descanso entre la mayoría de las subsecciones de esta parte, no es una mala idea.

También hay un montón de secciones de caja de herramientas en esta parte –y como siempre, son útiles, pero totalmente opcionales. Así que dependiendo de si quieres la versión completa o dietética de esta parte, puedes leerlas o no.

Pero, en cualquier caso –y sin más preámbulos– empecemos.

[4A] ELIGE UNA TONALIDAD, UN COMPÁS Y UN TEMPO

Antes de lanzarnos a componer la música de tu estribillo, debes tomar algunas decisiones musicales fundamentales acerca de toda tu canción, antes que nada –su **tonalidad**, su **compás** (o **patrón rítmico**) y su **tempo**.

Si ya sabes algo de teoría musical, esta sección te resultará aún más fácil. Pero si no, no hay problema –empezaremos por lo más básico.

👉 ELIGE UNA TONALIDAD

Casi cada canción que se ha escrito es **tonal** –lo que significa que fue escrita en una **tonalidad** específica (o a veces en más de una).

En resumen, en música, una tonalidad es un conjunto de notas específicas que siguen una especie de jerarquía en la que algunas notas son más importantes que otras, y algunas de ellas suelen usarse con más frecuencia que otras. Y elegir la tonalidad es como elegir una combinación de colores específica –te da un mundo y una sensación general para la **armonía** de tu canción, o acordes.

Y aunque hay muchas canciones que cambian de tonalidad –o **modulan**– en algún momento antes de terminar, para no complicarnos, vamos a suponer que tu canción se mantendrá en una totalidad en todo momento.

En la composición de canciones, hay dos tipos principales de tonalidad con los que vas a necesitar jugar: **tonalidades mayores** y **tonalidades menores**.

La manera más simple de resumir la diferencia entre los dos tipos de tonalidad es que la tonalidad mayor suena alegre mientras que la menor suena triste. Pero la realidad es un poco más matizada que eso –sí, las to-nalidades mayores tienden a sonar más luminosas y optimistas, pero las tonalidades menores pueden sonar a cualquier cosa desde melancólicas a depresivas a intensas a vibrantes a conmovedoras y a cualquier punto entremedio.

TONALIDADES **MAYORES**
Normalmente suenan
luminosas, heroicas,
alegres, o a veces
simplemente neutras.

TONALIDADES **MENORES**
Normalmente suenan
más melancólicas,
depresivas, vibrantes,
conmovedoras,
expresivas u oscuras.

Y así –volviendo al concepto que todo en tu canción viene de tu gran idea o visión inicial– tu primera decisión es si crees que el mensaje de tu canción encaja mejor en una tonalidad mayor o en una menor.

Si tu gran idea de canción es esperanzadora y optimista, probablemen-te querrás usar una tonalidad mayor. Si tu idea de canción es más oscura o conmovedora, probablemente querrás usar una tonalidad menor. O, si tu canción no encaja nítidamente en la categoría de «sobre todo alegre» o «sobre todo triste» –y muchas ideas de canción no lo hacen– puedes simplemente elegir el tipo de tonalidad que mejor te parezca. (Hay un montón de ideas de canción que podrían funcionar bien con ambos tipos de tonalidad.)

A continuación, deberás elegir la tonalidad específica que utilizará tu canción. Y aunque hay algunos músicos que sostienen que una canción en la bemol mayor tiene una sonoridad completamente distinta a una canción en sol mayor, por ahora la tonalidad exacta que elijas no importa tanto. Básicamente, debes elegir una tonalidad que no sea un quebrade-ro de cabeza para anotar y que funcione bien para la mayoría de los tipos de voz.

Por lo tanto, si eres principiante –o al menos un novato en cuanto a tonalidades, acordes y progresiones de acordes– te recomiendo que elijas una de las siguientes tonalidades:

CUATRO TONALIDADES FÁCILES DE USAR PARA COMPONER		
	TONALIDADES MAYORES	TONALIDADES MENORES
Componiendo para piano	do mayor	la menor
Componiendo para guitarra	sol mayor	mi menor
Componiendo con una DAW	do mayor	la menor

Como verás, dependiendo de cómo compongas, algunas tonalidades te harán la vida ligeramente más fácil que otras.

Así, si compones para piano o EAD, do mayor o la menor son probablemente las opciones más sencillas, mientras que si compones para guitarra –o banyo o ukelele– te convendrá componer en sol mayor o mi menor. (Y si estás componiendo con algo que no está en la tabla, tu mejor opción es probablemente do mayor o la menor).

Por supuesto, también hay otras tonalidades. Así que, si ya tienes una buena comprensión de la teoría musical y estás al día con las tonalidades y los acordes, puedes elegir una de las tonalidades más avanzadas de la siguiente tabla.

Más adelante hablaremos con detalle de la formación de progresiones de acordes –incluido los acordes que es más probable que utilices en cada tonalidad. Pero por ahora, si quieres saber qué acordes usarás más en cada tonalidad –para que puedas quedarte con los acordes que ya conoces– ve al Apéndice 2 y encontrarás una serie de fichas que resumen los principales acordes en cada una de estas doce tonalidades comunes.

DOCE TONALIDADES COMUNES EN COMPOSICIÓN	
TONALIDADES MAYORES COMUNES	**TONALIDADES MENORES COMUNES**
do mayor	la menor
re mayor (2 sostenidos)	si menor (2 sostenidos)
mi mayor (4 sostenidos)	do menor (3 bemoles)
fa mayor (1 bemol)	re menor (1 bemol)
sol mayor (1 sostenido)	mi menor (1 sostenido)
mi bemol mayor (2 bemoles)	sol menor (2 bemoles)

Así que elige una tonalidad que te funcione a ti y a tu canción y anótalo en alguna parte –será la base de la progresión de acordes que vas a componer más tarde– y luego sigamos.

👉 ELIGE UN COMPÁS

Si la tonalidad de tu canción consiste en elegir el mundo de su armonía, el compás (o patrón rítmico) y el tempo de tu canción consisten en elaborar una base sobre la cual crear sus ritmos. Y el ritmo tiene que ver con lo largas o cortas que son las notas individuales de tu canción –lo que ocurre horizontalmente en el tiempo a medida que avanza la canción.

La división básica del tiempo en una canción es un compás. La mayoría de las piezas musicales tienen un ritmo constante –como un latido del corazón que no cesa de latir detrás de todos los diversos ritmos que se suceden en primer plano.

El **compás** o **patrón rítmico** determina cuántos tiempos tiene cada compás. Si alguna vez te has preguntado por qué hay tantos músicos que empiezan contando en una pieza musical, diciendo algo así como «a 1, 2, 3, 4», es porque cuatro es el número más común de tiempos por compás en prácticamente todos los géneros musicales. No sueles escuchar «a 1, 2, 3, 4, 5» porque es bastante inusual, aunque no inaudito, encontrar música con 5 tiempos en cada compás.

Cada tipo de compás consta de dos números. El número de arriba te dice cuántos tiempos hay en cada compás. El de abajo te dice cuánto duran estos tiempos.

Así que si una canción tiene 4 tiempos en cada compás y esos tiempos son **negras**, eso significa que su compás es 4/4, así:

(No olvides que, para escuchar los ejemplos musicales de este libro, puedes bajarte las correspondientes pistas de audio en thesongfoundry.com/how-to-tracks/. Los números en los tabuladores negros te dicen qué pista va con cada ejemplo.)

Como oirás si escuchas este ejemplo, **4/4** significa que hay un ritmo o pulso constante de cuatro negras en cada compás. Eso no significa que todas las notas de tu canción tengan que ser negras –sino que, en cada compás, la duración total de todas las notas y silencios (los espacios entre notas) será la misma que la de cuatro negras.

4/4 es, con diferencia, el compás más utilizado en la música –es tan común que a veces se le llama **compás común**– y también es una opción estupenda y muy versátil para componer canciones. Puedes componer casi cualquier tipo de canción en cualquier estilo con cualquier mensaje en 4/4 y lo más probable es que funcione.

Así que, a menos que tengas una razón de peso para elegir otra cosa, 4/4 es una buena opción –tanto si eres un total principiante como si llevas años componiendo.

Aún así, no es la única opción. Otro tiempo común es 3/4, con tres negras por compás:

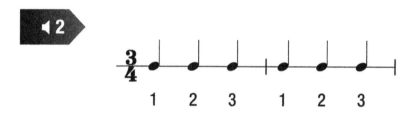

Mientras que el 3/4 se usa bastante en composición, no es tan neutral como el 4/4. Suena más a vals o a baile, o a veces más descarado y épico.

Y, por último, hay otras dos opciones bastante comunes pero un poco más avanzadas –12/8 y 6/8.

Estos tiempos llevan el 8 debajo, lo que significa que 12/8 tiene 12 corcheas por compás, mientras que 6/8 tiene seis corcheas por compás. Pero lo que complica un poco las cosas es que 12/8 y 6/8 son lo que se llaman compases compuestos –en los que en realidad hay cuatro y dos tiempos principales en cada compás respectivamente, cada uno dividido en grupos de tres corcheas.

Para ver lo que significa, compara como 12/8 y 4/4 –que tienen ambos cuatro tiempos principales por compás– funcionan en este gráfico:

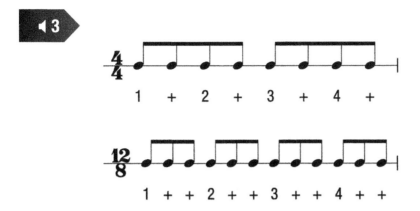

Como puedes ver, cada tiempo en 4/4 tiene un «más» (signo +) a continuación, mientras que en 12/8 cada tiempo tiene dos «más» (++) antes del siguiente. Y si escuchas este ejemplo oirás lo diferente que suenan.

De forma parecida, en 6/8 hay en realidad dos tiempos principales en cada compás, dividido en grupos de tres corcheas:

Toda esta división en tres da a 12/8 y 6/8 un estilo perceptiblemente diferente de 4/4 y 3/ 4. Ambos 12/8 y 6/8 tienden a sonar más vivaces y divertidos en ritmos más rápidos y tradicionales, o de balada en ritmos más lentos.

Así que, si estas son tus principales opciones de compás, tómate un momento para decidir cuál crees que encajará mejor con la vibración general de tu canción.

Si es la primera vez que compones una canción, 4/4 es una buena opción. Si la idea de tu canción no te da ninguna buena razón para no elegir la opción «por defecto», 4/4 también es una gran elección. Pero si quieres variar un poco, puedes probar con otra opción.

> ## CHULETA DE COMPASES PARA COMPONER
>
> **4/4**   La opción más común y normalmente la más versátil –funciona en prácticamente cualquier estilo o *mood*.
>
> **3/4**   También una opción común– tiende a crear sensaciones bailables o del tipo vals.
>
> **6/8 y 12/8** Compases compuestos comunes– ambos tienden a crear un efecto de rebote o balanceo (en ritmos más rápidos) o más épico o de balada (en ritmos más lentos).

Luego, como antes, haz una nota escrita o mental de tu elección.

Si estás componiendo con EAD, habrá una opción en algún lugar de la interfaz para decirle al programa qué compás quieres.

Y a partir de ahí, vamos a pensar en el tempo de tu canción.

👉 ELIGE UN TEMPO

El tempo de tu canción es la velocidad o rapidez de su ritmo. Al igual que con la tonalidad y el compás, debes asegurarte de elegir un tempo que apoye el mensaje general de tu canción. Una canción positiva e inspiradora, por ejemplo, probablemente querrá un tempo más rápido, mientras que una balada más triste y expresiva probablemente se adapte mejor a un tempo más lento.

Y, al igual que con tu tonalidad, aunque el mundo esté lleno de canciones que cambian de tempo en algún punto intermedio, por ahora vamos a suponer que tu canción va a mantener básicamente el mismo tempo de principio a fin.

Como sabrás, el tempo en música generalmente se mide en ppm, o pulsaciones por minuto. Así 60 ppm –un tempo bastante lento– significa que cada pulsación *(beat)* dura un segundo, mientras que 120 ppm –un tempo moderado o medio– significa que cada pulsación dura medio segundo.

Pero sea cual fuere el tempo que estés pensando en elegir, la mejor manera de tener una impresión de cómo suena cada tempo en concreto es probar con un metrónomo –sea uno mecánico de la vieja escuela que hace tic–tac mientras su brazo metálico se balancea hacia un lado y hacia otro, o uno digital de los que puedes descargarte en tu móvil o volcarlo en algún lugar de tu EAD. (También puedes *googlear* la palabra «metrónomo» e instalar uno en tu navegador.)

Así que pon en marcha el metrónomo y encuentra un tempo que te suene bien. Si te sirve de ayuda, podrías probar a leer la letra del estribillo que escribiste en la Parte 3 sobre los clics del metrónomo de un ritmo a secas, para hacerte una idea de lo que mejor le pega a esta canción en particular.

Las decisiones sobre el tempo pueden ser bastante subjetivas –lo que parece rápido en una canción puede resultar más moderado en otra. Pero para una guía grosso modo con la que la mayoría de los compositores estarían de acuerdo, puedes usar esta tabla:

CHULETA DE TEMPOS PARA COMPONER

60–80 ppm	Tempo lento
80–100 ppm	Tempo moderadamente lento
100–120 ppm	Tempo moderado
120–140 ppm	Tempo moderadamente rápido
140+ ppm	Tempo rápido

Y una vez hayas encontrado un tempo que se adapte al mundo de la canción que estás intentando crear, puedes anotarlo en algún sitio o entrarlo en tu EAD. Y así, en general, aunque se puede dar a una canción un tempo de 187.4 ppm o de 103.629 ppm, suele ser mejor simplificar las cosas y elegir un bonito número redondo.

Una divertida nota aparte: los músicos de DAW o los más orientados al pop tienden a ir a por tempos que terminen en 0 o 5, como 75 ppm o 130 ppm, mientras que los músicos de formación más clásica a menudo gravitan hacia los niveles de tempo más tradicionales que puedes encontrar en los metrónomos mecánicos y que normalmente son múltiplos de 4 u 8, como 72 ppm o 132 ppm. Puedes usar el sistema que más te guste.

Y así se construyen los cimientos de tu canción. Ahora ya puedes empezar a componer la progresión de acordes, la melodía vocal y el ritmo instrumental de tu estribillo.

Así que manos a la obra.

CUATRO TONALIDADES FÁCILES DE USAR PARA COMPONER

Tómate un momento para decidir la tonalidad (centro tonal), compás (número de pulsaciones por compás) y tempo (velocidad) de toda tu canción.

Eres súper libre de escoger cualquier tonalidad, compás o tempo –pero intenta elegir opciones que vayan bien con la onda y el *mood* de tu canción.

[4B] COMPÓN LA PROGRESIÓN DE ACORDES DEL ESTRIBILLO

Ahora que has descubierto los parámetros básicos de toda tu canción, puedes empezar a componer el estribillo.

Como sabes, puedes empezar a componer una canción prácticamente desde cualquier lugar –muchos grandes estribillos empiezan con un ritmo instrumental o una idea melódica, o solamente un ritmo. Pero empezar con la armonía o la progresión de acordes suele ser una buena idea porque las progresiones de acordes son generalmente bastante fáciles de componer. Además, conocer tu progresión de acordes te permite trazar tu estribillo compás a compás, lo que hace que, después, te sea mucho más fácil construir encima de eso.

La verdad es que puedes usar casi cualquier acorde en cualquier tonalidad si eres lo suficientemente creativo y atrevido, pero la mayoría de los compositores confían en una serie de acordes útiles y comunes en cualquier tonalidad que escojan.

Empezaremos por averiguar cuáles son esos acordes en tu tonalidad elegida. Luego veremos cómo crear una progresión con esos acordes.

Y para que todo esto tenga sentido, vamos a tener que profundizar un poco más en cómo funcionan los acordes –cómo se forman, cómo quedan en tu tonalidad, y cómo puedes usar algunos principios básicos para que construir progresiones de acordes sea mucho más fácil. Porque igual que necesitas una comprensión básica de gramática para escribir frases, entender algunos de los fundamentos de armonía musical hará que consigas progresiones de acordes originales mucho más fácilmente.

Si ya tienes un buen conocimiento de la teoría musical (o prefieres lanzarte a descubrir una progresión de acordes por ensayo y error) puedes saltarte esta sección.

De lo contrario, será una muy valiosa introducción a cómo funciona la armonía musical. Y, como es habitual en esta parte, todo lo que cubramos te ayudará a entender mejor cómo usar acordes y progresiones de acordes en todo lo que compongas de aquí en adelante.

☞ CÓMO FUNCIONAN LOS ACORDES: ESCALAS Y TRÍADAS 101

Así que, como ya he dicho, antes de empezar a averiguar progresiones de acordes, merece la pena entender algo de teoría musical básica sobre cómo funcionan los acordes.

En primer lugar, hablemos de las **escalas**.

Cada tonalidad viene con una escala, que es cada una de las notas individuales que componen esa tonalidad, en orden. Así, en la tonalidad de do mayor, la escala de do mayor –que contiene todas las siete notas diatónicas, las notas «normales» dentro de la tonalidad– se ven así:[2]

No vamos a entrar a fondo con los detalles sobre cómo se forman las escalas, pero, en resumen, cada tipo de escala se forma a partir de un patrón exacto de intervalos –o espacios– entre cada nota. Es como una cadena de ADN –el código para construirlo. Así, con el código de la escala mayor puedes construir escalas mayores empezando por la nota que quieras. Y aunque sonarían ligeramente más agudas o graves dependiendo de la nota por la que empieces, seguirán teniendo el mismo sonido y carácter que cualquier escala mayor.

Do mayor suele ser la primera tonalidad de la que se habla porque justamente está formada por todas las notas blancas del piano. Con cualquier otra escala mayor, tienes que usar algunas **alteraciones** –**sostenidos** y **bemoles**– para mantener el patrón exacto de intervalos entre las notas.

---

2. Equivalencia entre notación inglesa y latina: C= Do; D= Re; E= Mi; F= Fa; G= Sol; A= La; B= Si
(Nota de la Traductora).

Y aunque puedes añadir sostenidos y bemoles en do mayor para usar cualquier nota que desees, las siete notas diatónicas suelen ser las más importantes, y las que más se utilizan. (Los TMV, o tonos más valiosos, si lo prefieres.)

Puesto que se pueden construir escalas y tonalidades en cualquier nota, una de las grandes ideas en armonía es que todo es relativo –que los acordes sólo tienen sentido en el contexto de los demás acordes que los rodean. Así que, junto a los nombres de las notas, cada nota en una escala recibe un número llamado **grado de escala**, como esto:

Así que, verás que en do mayor, la nota do es el 1r grado de escala. Y el sol es el 5º grado de escala. Debido a que todo en armonía es relativo, en una tonalidad diferente –como re mayor o sol mayor– esas notas estarían en distintas posiciones de la escala, entonces tendrían diferentes grados de escala.

(Y sí, por si te lo estabas preguntando, los números con sombrerito son la taquigrafía estándar para grados de escala. Además, no hay 8º grado de escala porque después del 7º grado alcanzas de nuevo la nota en 1r grado, sólo que una octava –ocho notas diatónicas– más alta.)

Y ahora que hemos visto lo fundamental en cuanto al funcionamiento de las escalas, podemos empezar a utilizar las notas de esas escalas para crear **acordes**.

Si quieres ser súper pedante, un acorde es técnicamente cualquier combinación de dos o más notas tocadas a la vez. Pero en muchos géneros musicales, hay un tipo de acorde que es el más importante, llamado **tríada**.

Y como habrás adivinado por el «tri-» de su nombre, una tríada es un acorde de tres notas –y las tríadas son acordes de tres notas que se construyen de una forma muy específica.

Para formar una tríada en un grado de escala en concreto, empiezas con ese grado de escala, añades la nota dos grados de escala por encima y después añades la nota dos grados de escala por encima de ésta. En otras palabras, formas las tríadas de las notas de la escala de tu tonalidad al estilo uno–sí–uno–no, así:

Así que para formar una tríada con la nota do en do mayor, pones el do, omites el re, incluyes el mi, omites el fa, e incluyes el sol. Eso te da las notas do, mi y sol –que juntas, forman una tríada en do mayor.

Y una de las cosas interesantes de la armonía es que las notas do, mi y sol también pueden usarse individualmente en muchos otros acordes. Pero cuando las usas juntas, forman una tríada en do mayor –y cuando las usas juntas en do mayor, también son una tríada de 1r grado.

Y como a estas alturas seguramente ya te estás divirtiendo con toda la terminología que te estoy soltando, vamos a añadir un poco más. Para ayudar a explicar dónde se sitúa cada nota dentro del acorde, también tienen sus propios nombres –la **fundamental**, la **tercera** y la **quinta** del acorde, así:[3]

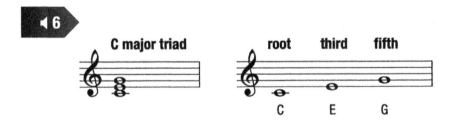

Así pues, la nota do es la fundamental de un acorde de do mayor. En otro acorde distinto podría ser la tercera o la quinta –o incluso no ser una nota del acorde en absoluto. Pero estas etiquetas son importantes porque –tal y como verás más adelante– a veces el acorde no está espaciado exactamente así: la fundamental puede que sea la nota más grave, o la nota más agu-

---

3. Root= Fundamental; Third= Tercera; Fifth= Quinta. (Nota trad.)

da, o una nota en algún punto intermedio. Y a menudo es muy útil poder identificar qué componente desempeña cada nota en el acorde.

Ahora, si aplicas esta misma idea de construir tríadas a cada grado de escala, eso significa que puedes construir siete tríadas diferentes sobre las siete notas diatónicas de escala mayor, así:

Y ahora estamos realmente llegando a alguna parte. Si tocas o escuchas este ejemplo, oirás que aquí hay varios sonidos de acordes diferentes, o «tonos». Algunos de los acordes suenan más brillantes y otros más oscuros que los demás.

Esto se debe a que existen tres tipos diferentes de tríadas entre estos siete acordes. Y si cuentas los intervalos exactos entre la fundamental, la tercera y la quinta en todos ellos, detectarás algunas sutiles diferencias.

Para ello, tenemos que contar utilizando la unidad más pequeña que los músicos suelen usar para medir intervalos, llamada **semitono**, que es la distancia entre dos notas cualquiera del teclado de un piano incluyendo las blancas y las negras –o en una guitarra la distancia de un traste al siguiente.

Y así, en un acorde de Do mayor, si cuentas los intervalos exactos entre las notas, encontrarás que la tercera del acorde (mi) está exactamente a cuatro semitonos de la fundamental (do), y la quinta del acorde (sol) está exactamente a siete semitonos de la fundamental:

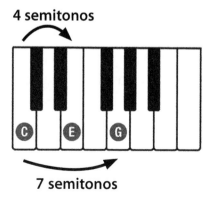

Y esta combinación exacta de intervalos –cuatro y siete semitonos por encima de la fundamental– es lo que hace a este acorde en particular un acorde mayor.

Mientras tanto, si haces lo mismo a partir de la nota re –2º grado en una escala de do mayor– verás que mientras que la quinta del acorde (la) sigue estando siete semitonos por encima de la fundamental (re), la tercera (fa) está sólo tres semitonos por encima de la fundamental:

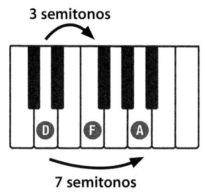

Y aunque esa diferencia no parezca gran cosa, tiene un gran efecto en la forma en que suena un acorde. De hecho, hace que el acorde construido sobre la nota re usando las notas de una escala de do mayor sea un **acorde menor**, en este caso re menor.

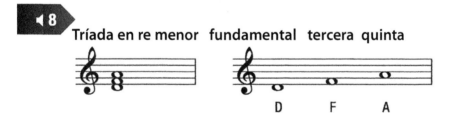

Así como las tonalidades mayores tienen tendencia a sonar más luminosas y optimistas, los acordes mayores también. (Aunque para ser 100% claros, tanto si compones en una tonalidad mayor como menor, normalmente acabarás utilizando una combinación de acordes mayores y menores.)

Y ya que estamos con todos estos términos y sistemas de numeración diferentes, volvamos al conjunto completo de los siete acordes diatónicos en do mayor y añadamos aún más notación. Esto es lo que se llama **análisis**

por números romanos –y ayuda a explicar dónde se encuentra cada acorde dentro de su tonalidad, de esta manera:

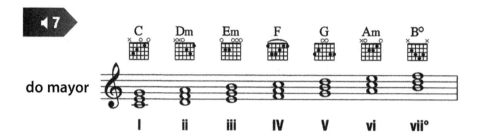

Como puedes ver, debajo de cada acorde hay ahora un número romano. Algunos están en mayúscula, otros en minúscula, y el acorde final tiene el símbolo º al lado por alguna razón.

En pocas palabras, el análisis por números romanos describe la función –o propósito o papel– que cada acorde juega dentro de la tonalidad. Y como todo en armonía musical es relativo– porque cada acorde sólo tiene sentido dentro del contexto de los acordes que lo rodean –esta notación es realmente útil.

Concretamente, te está diciendo dos cosas importantes:

En primer lugar, el número romano te dice el grado de escala de la fundamental del acorde. Así que el acorde en 1r grado de escala siempre tendrá el número romano I, y el acorde en 4º grado de escala llevará siempre el número IV. (Los músicos usan números con sombrerito para los grados de escala y los números romanos para acordes para diferenciar entre los dos.)

Y en segundo lugar, los acordes mayores se representan en letra mayúscula, como «IV» o «V», mientras que los acordes menores se representan en minúscula, como «ii» o «vi». (Y si tienes curiosidad, el símbolo º se usa para mostrar que un acorde es un **acorde disminuido** –que es un acorde inusual en el cual la quinta está a solo seis semitonos de la fundamental. Pero no debes preocuparte por eso de momento.)

Y así, verás que, a partir de la formación de acordes con la escala de do mayor, obtendrás tres acordes mayores (I, IV y V), tres acordes menores (ii, iii y vi) y un acorde disminuido (viiº). (Seguro que te fías de mi palabra, pero puedes ir a comprobar los intervalos dentro de cada acorde si quieres.)

Ahora, vamos rápidamente a repetir este proceso en una tonalidad menor –la menor– lo cual nos da una escala inicial con este aspecto:

Al igual que do mayor, La menor también resulta ser todas las notas blancas del piano. Y la razón por la cual es escala menor, y no mayor, es porque la hice con los patrones de intervalos para escalas menores –que es un patrón diferente, o un tipo de ADN diferente al que sirve para crear escalas mayores.

Y con la escala de la menor, obtenemos la misma mezcla de tres acordes mayores, tres acordes menores y ese complicado (pero en realidad no muy relevante) acorde disminuido, solo que ahora están en diferente orden:

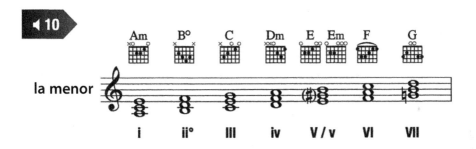

Sin embargo, como puedes ver, en tonalidades menores hay un giro extra: mientras el acorde en 5º grado es en realidad la v (un acorde menor), es mucho más común colocar un sostenido en la tercera nota de ese acorde –subirlo un semitono– que ponerlo como acorde V (un acorde mayor). La razón es un poco complicada, pero resumiendo, es porque el acorde V a menudo va seguido del acorde I (en tonalidades mayores) o i (en tonalidades menores), y esta progresión suena mucho más fuerte si usas el acorde mayor V. En la composición de canciones, en realidad se puede usar tanto el acorde V como el acorde v en una tonalidad menor, pero en caso de duda, suele ser mejor utilizar el acorde V.

Así es cómo se forman los siete acordes diatónicos en cada tonalidad. Y ahora, para acercarnos a poder utilizar los acordes para construir algunas progresiones, tenemos que dividirlos en grupos de acordes realmente útiles, acordes bastante útiles y un acorde que puedes ignorar prácticamente.

Para ello, empecemos por identificar los tres acordes más importantes de cualquier tonalidad, denominados tríadas primarias, que son los acordes I, IV y V en tonalidad mayor, y los acordes i, iv y V (o v) en tonalidad menor:

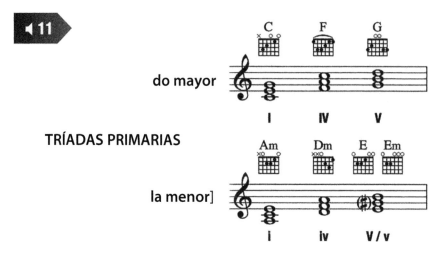

Estos acordes son importantes porque en la mayoría de los géneros musicales las tríadas primarias forman la base de la armonía. Al igual que los colores primarios, no son los acordes más fascinantes o exóticos, pero son los cimientos de básicamente toda la armonía, así que vale la pena conocerlos. (Y lo bueno es que, si utilizas sólo las tríadas primarias, puedes combinarlas en prácticamente cualquier orden y sonarán genial.)

Si quieres conocer todos los detalles sobre funciones de acordes –cómo funcionan los acordes más comunes y qué puedes hacer con ellos– encontrarás una gran caja de herramientas al principio de la página 79. Pero, en resumen, aquí tienes cómo funcionan las tres tríadas primarias:

Acorde I o i –llamado acorde **tónico**– es el acorde «base» o «fundamental» de una tonalidad. Es el acorde con el que normalmente quieres terminar tu canción – y con el que a menudo quieres empezar –porque da la sensación de descanso, en casa y estable.

Acorde V (o a veces v) –llamado acorde **dominante**– es como el opuesto al tónico. Suena inestable o inacabado –porque parece que quiere volver hacia la tónica. Por eso, las progresiones de acordes suelen emparejar los acordes I y V (o i y v) para crear un efecto sencillo pero potente.

Mientras que el acorde IV o iv –llamado acorde **subdominante**– es un buen acorde para usar en combinación con la tónica (acorde I) y la dominante (acorde V) como un color adicional junto a uno o ambos de esos acordes:

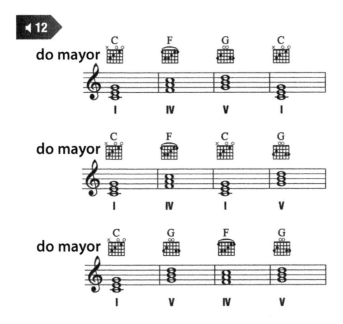

(Como ya he dicho, puedes combinar las tríadas primarias en prácticamente cualquier orden y suenan genial.)

Entonces, si descartas el acorde disminuido del combinado, los tres acordes restantes de cada tonalidad se llaman **tríadas secundarias** –es decir los acordes ii, iii y vi en tonalidad mayor y III, VI y VII en tonalidad menor:

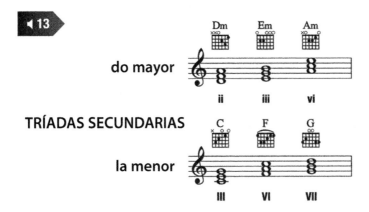

Te habrás fijado que en tonalidades mayores las tríadas primarias son todas mayores y en cambio las tríadas secundarias son todas menores. Y en tonalidades menores – dejando de banda la peculiaridad por la cual puedes usar tanto el acorde V como el v– es al revés: todas las tríadas primarias son menores, y las tríadas secundarias son todas mayores.

También hay más información sobre el uso de las tríadas secundarias en la caja de herramientas correspondiente pero en pocas palabras, se utilizan principalmente como colores (matices) adicionales –mezcladas con las tríadas primarias– para dar más variedad a una progresión de acordes.

Y en caso de que a estas alturas tu cerebro esté saturado con todos los diferentes términos e ideas que he ido lanzando –hemos terminado. Ésta es toda la teoría que necesitarás para que el resto de esta parte tenga sentido.

Con todo eso cubierto, vamos a utilizar todos los principios de los que acabamos de hablar para descubrir la paleta de acordes de tu canción dentro de la tonalidad elegida.

☞ DESCUBRE TU PALETA DE ACORDES

La paleta básica de acordes de tu canción es el conjunto de acordes que vas a utilizar para componer las progresiones de acordes de tu canción –o al menos, los acordes principales que vas a usar para hacerlo. No son los únicos acordes que podrías usar en tu canción, pero a menos que tengas un gran conocimiento de la teoría musical, son los acordes de referencia que querrás utilizar.

Y como hemos dicho en la sección anterior, hay básicamente tres acordes principales en cualquier tonalidad que querrás usar casi siempre –**las tríadas primarias:**

- Tríadas primarias en tonalidad mayor: I, IV, V
- Tríadas primarias en tonalidad menor: i, iv, V/v

A continuación, hay otros tres acordes divertidos pero opcionales que puedes usar, dependiendo de lo ricas que quieres que suenen tus progresiones de acordes y del grado de desafío para el que te sientas preparado. Estas son **las tríadas secundarias:**

- Tríadas secundarias en tonalidad mayor: ii, iii, vi
- Tríadas secundarias en tonalidad menor: III, VI, VII

¿Sabes que en los videojuegos, a medida que subes de nivel, obtienes nuevas herramientas y equipamiento para jugar? Pues bien, la composición no es un videojuego, pero si por un segundo te imaginas que lo es, podemos usar esa idea para encontrar una paleta de acordes que funcione para ti y el nivel de complejidad con el que te sientas cómodo.

En el Nivel 1 –que es un buen punto de partida si te estrenas en la composición de canciones– puedes jugar sólo con las tríadas primarias. Esto te dará un montón de posibilidades mientras que será virtualmente imposible que compongas una progresión de acordes que no suene bien.

En el Nivel 2 –que es un buen punto de partida si eres nuevo en la composición de canciones, pero quieres un poco más de desafío– puedes jugar con las tríadas primarias más las tríadas secundarias que suelen utilizarse más a menudo, acorde vi o acorde VI. Eso te dará más posibilidades mientras que seguirá siendo difícil que compongas algo que no suene bien.

En el Nivel 3 –en el que añadimos el acorde ii en tonalidades mayores y el acorde VII en tonalidades menores– tendrás más opciones armónicas, pero también tendrás que esforzarte un poco más para componer algo que te guste.

Y, por último, en el Nivel 4 –en el que añadimos la tríada secundaria final para completar el conjunto. Eso significa que tienes seis acordes para elegir, pero tendrás que esforzarte aún más para crear progresiones que funcionen.

O, para resumir todo eso en una sola tabla:

INVENTAR PROGRESIONES DE ACORDES NO ES UN VIDEOJUEGO, PERO SI LO FUERA...		
	TONALIDADES MAYORES	TONALIDADES MENORES
NIVEL 1	I, V, IV	i, V/v, iv
NIVEL 2	I, V, IV, vi	i, V/v, iv, VI
NIVEL 3	I, V, IV, vi, ii	i, V/v, iv, VI, VII
NIVEL 4	I, V, IV, vi, ii, iii	i, V/v, iv, VI, VII, III

En lugar de enumerar los acordes por orden numérico, los he puesto en su orden aproximado de importancia –de forma que puedas ver de un vistazo que, por ejemplo, en tonalidades mayores, el acorde iii no suele utilizarse tanto como el acorde IV.

Así que ahora te toca a ti decidir cuánto desafío quieres asumir cuando compongas tu progresión de acordes.

Cuanto más alto sea el nivel que escojas, más libertad creativa te dará. Pero al mismo tiempo, con la libertad (creativa) viene la responsabilidad (creativa), así que en los niveles más altos suele ser más difícil crear una progresión que suene bien.

A continuación, una vez que hayas hecho tu elección, deberás traducir la paleta de acordes que elegiste de un montón de números romanos a un conjunto de acordes reales. Para ello, puedes repasar detenidamente toda la teoría de la que hemos hablado para averiguar tú mismo cuáles son esos acordes. O –probablemente una idea mejor, puedes usar las tablas de las próximas dos páginas.

Verás que te he dado un resumen más detallado de los acordes primarios y secundarios en las cuatro tonalidades aptas para principiantes que recomendé antes en esta parte, además de una tabla resumen rápida para las doce tonalidades comunes de composición que también mencioné.

Además, si quieres saber más sobre cómo tocar estos acordes –sea en un teclado o con una guitarra o en una DAW– en cualquier momento de este proceso, hay una guía práctica de referencia en el Apéndice 2.

CHULETA DE LA PALETA BÁSICA DE ACORDES

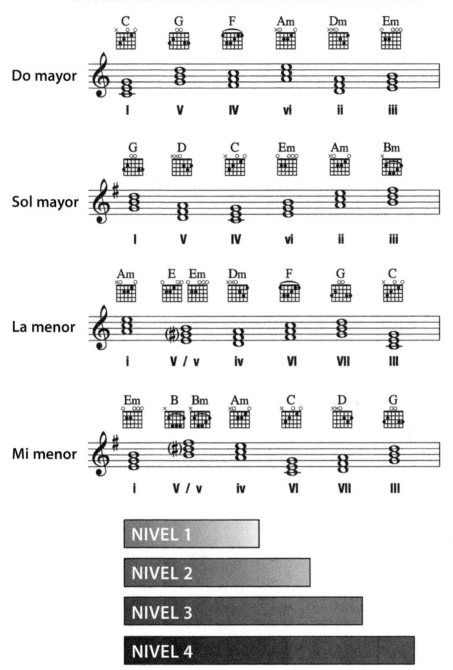

TONALIDADES MAYORES	I	V	V	vi	ii	iii
Do mayor	Do	Sol	Fa	La m	Do m	Mi m
Re mayor	Re	La	Sol	Si m	Mi m	Fa♯ m
Mi mayor	Mi	Si	La	Do♯ m	Fa♯ m	Sol♯ m
Fa mayor	Fa	Do	Si♭	Re m	Sol m	La m
Sol mayor	Sol	Re	Do	Mi m	La m	Si m
Si♭ mayor	Si♭	Fa	Mi♭	Sol m	Do m	Re m

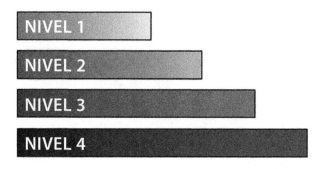

TONALIDADES MENORES	i	V	v	iv	VI	VII	III
La menor	La m	Mi	Mi m	Re m	Fa	Sol	Do
Si menor	Si m	Fa♯	Fa♯ m	Mi m	Sol	La	Re
Do menor	Do m	Sol	Sol m	Fa m	La♭	Si♭	Mi♭
Re menor	Re m	La	La m	Sol m	Si♭	Do	Fa
Mi menor	Mi m	Si	Si m	La m	Do	Re	Sol
Sol menor	Sol m	Re	Re m	Do m	Mi♭	Fa	Si♭

☞ COMPÓN TU PROGRESIÓN DE ACORDES

Muy bien, ahora viene la parte divertida: crear una progresión a partir de los acordes que te has dado para jugar.

Una progresión de acordes no es más que una secuencia de acordes que –como su nombre indica– parece progresar o moverse a alguna parte. Por lo tanto, hallar una buena progresión consiste en encontrar una combinación de acordes que te suenen bien. Y, como siempre, no importa cuánto sepas de teoría musical, la única manera de desvelar con seguridad lo que te suena bien es probar un montón de cosas diferentes y ver lo que te gusta.

Pero aparte de eso, he aquí algunos principios generales para componer buenas progresiones de acordes de estribillo:

- Primero, tendrás que decidir cuánto va a durar el estribillo en total, para saber para cuántos compases tienes que componer los acordes. Y como regla general, es buena idea suponer que cada verso de tu letra equivaldrá a dos compases. Eso no siempre será cierto –a veces será el doble o la mitad de eso– pero dos compases por verso es un buen punto de partida. Así que, si te has ceñido al formato de 8 versos que recomendé en la Parte 3, eso significa que tu objetivo es un estribillo de 16 compases.

- Segundo, asumamos que tu progresión de acordes va a ser mayoritariamente de un acorde por compás. Esa es otra regla de oro de la composición que no es inamovible en absoluto –muchas canciones tienen compases con dos o más acordes, o el mismo acorde para dos compases seguidos. Pero por ahora, asumamos que vas a escribir un acorde por compás.

- Tercero, supongamos que vas a construir tu progresión de acordes a partir de unidades de cuatro compases y cuatro acordes. Las progresiones de cuatro acordes son un elemento básico en la composición de canciones –son lo suficientemente cortas para que el oyente las capte con facilidad, pero lo suficientemente largas como para resultar interesantes, aunque acabes repitiéndolas mucho. Así que, en caso de duda, las progresiones de cuatro acordes son un punto de partida estupendo para empezar a construir los juegos armónicos de tu canción.

Con todo esto en mente, normalmente el mejor punto de partida para componer la progresión de acordes de tu estribillo es tomar la paleta de acordes que acabas de elegir y probar a combinar esos acordes de distintas formas hasta que encuentres algunas combinaciones de cuatro acordes que suenen bien y que sientas que se ajustan a tu canción.

Así, si tu canción está en do mayor, es posible que te hayas decidido por la paleta de acordes do mayor (I), sol mayor (V), fa mayor (IV) y la menor (vi). Jugando con esos acordes, habrás descubierto un puñado de progresiones que suenan bien, como esta:

◀ 14		C		F		Am		G	

Y ésta:

◀ 15		C		Am		G		G	

Y ésta:

◀ 16		F		C		F		G	

Como de costumbre, es una buena idea probar varias cosas antes de decidirte por una versión definitiva. Y como puedes ver, aunque en la mayoría de los casos querrás cambiar a un nuevo acorde en cada compás, puedes utilizar el mismo acorde más de una vez en una progresión, incluso en dos compases seguidos.

Supongamos que decides que la primera de estas opciones es la que mejor se adapta a tu canción. A partir de ahí, la manera más sencilla de ampliar esta progresión de cuatro compases, para rellenar cada uno de los 16 compases del estribillo, es repetirlo cuatro veces, así:

◀ 17

C		F		Am		G	
C		F		Am		G	
C		F		Am		G	
C		F		Am		G	

Y por simple que parezca, es una manera fantástica de usar una progresión de cuatro acordes –y un montón de grandes estribillos se construyen a partir de en una simple repetición como ésta.

Aún así, si quieres probar algo un poco más atrevido, podrías intentar construir una progresión de 8 compases a partir de los acordes de tu paleta de acordes y luego repetirla dos veces para completar los 16 compases:

◄ 18

	C		F		Am		G		
	Am		Dm		F		C		
	C		F		Am		G		
	Am		Dm		F		C		

(Verás que he ampliado ligeramente la paleta de acordes en este ejemplo incluyendo Re menor, acorde ii.)

Alternativamente, hay una manera de obtener lo mejor de ambos mundos –aprovechar al máximo la simple repetición de un patrón de cuatro acordes sin que parezca demasiado repetitivo. Una buena forma de hacerlo es lo que a veces se denomina una progresión «1+1+2». Es un formato en el que tienes una progresión de 4 compases («1») que se repite exactamente («1»), luego empieza a repetirse, pero se alarga en una nueva unidad de 8 compases para terminar («2», porque es dos veces la longitud):

◄ 19

	C		F		Am		G		
	C		F		Am		G		
	C		F		Am		G		
	C		Dm		F		C		

Si escuchas este ejemplo, te darás cuenta de que suena repetitivo, pero no demasiado, lo cual es un importante equilibrio en casi todas las partes de una canción. Y este ejemplo funciona especialmente bien porque los cambios del final le permiten terminar en un acorde de do mayor –el acorde I, de «casa». Eso hace que la progresión suene bien y acabada.

Así que esto es lo esencial a la hora de usar tu paleta de acordes para crear una buena progresión de acordes para el estribillo.

Obviamente, si estás componiendo una progresión de cuatro acordes, pero elegiste una paleta de más de cuatro acordes, eso significa que no los vas a utilizar todos, y eso está bien. Y –como verás en un par de mis ejemplos– a veces incluso usarás el mismo acorde dos veces dentro de una unidad de 4 compases, y si suena bien, también está bien.

Por supuesto, las tríadas primarias y secundarias no son en absoluto los únicos acordes que puedes utilizar en una progresión. Así que si tienes una comprensión más avanzada de la armonía musical –incluyendo cosas como acordes de séptima, acordes suspendidos, puntos de pedal y acordes invertidos– te invito a aplicar lo que sabes a tus progresiones aquí. O, si estás trabajando en una de las paletas de acordes que he sugerido, pero te encuentras por casualidad algún otro acorde que suena genial, sin duda puedes usarlo también en tu progresión. Aunque, en caso de duda, las progresiones sencillas de cuatro acordes funcionan muy bien –así que no hay necesidad de componer nada particularmente avanzado a menos que realmente quieras.

De hecho, en general, no vale la pena preocuparse demasiado por la progresión de acordes del estribillo. Sí, las progresiones de acordes son importantes. Sí, quieres que tus progresiones de acordes encajen con el mood y el estilo de tu canción, como todo lo demás. Pero las progresiones de acordes a menudo no suponen una gran diferencia en el sonido o el mood de una canción, por lo que es una buena idea decidirse por algo que funcione en vez de pasar horas y horas descubriendo la progresión de acordes «perfecta». Por supuesto, deberías experimentar y jugar, pero una vez tengas algo que funcione, sigamos avanzando.

De nuevo, si necesitas alguna indicación sobre exactamente qué acordes tienes que tocar y qué notas componen esos acordes, he incluido toda esa información en el Apéndice 2.

Y por último, como ya he mencionado, si quieres saber más sobre el arte y la ciencia de cómo cada acorde específico tiende a funcionar dentro de una progresión completa, hay una sección de caja de herramientas extralarga en las próximas páginas que habla de eso con mucho más detalle.

COMPÓN LOS ACORDES DEL ESTRIBILLO

Usa la tonalidad de tu canción para descubrir los acordes importantes –la paleta de acordes– que vas a utilizar en tu canción.

Juega con esos acordes hasta que encuentres una progresión que te guste. Las progresiones sencillas de cuatro acordes funcionan muy bien.

Puedes repetir esa progresión de acordes una y otra vez para llenar el estribillo de tu canción, o –si quieres– repetirla, pero variándola un poco para conseguir algo más avanzado.

CAJA DE HERRAMIENTAS

FUNCIONES DE ACORDES

En armonía musical, la función de un acorde es el papel o efecto que tiene ese acorde en una tonalidad en particular. Por supuesto, hay montones de maneras diferentes de usar cada acorde –pero las buenas progresiones de acordes tienden a basarse en un puñado de funciones de eficacia comprobada, y en esta caja de herramientas hablaremos con detalle de algunas de las más comunes.

◆ **Acorde I o i**

El acorde I –o acorde i en menor– es tradicionalmente llamado **acorde de tónica**.

Como acorde en la posición privilegiada de 1r grado de escala, puedes pensar en la tónica como el acorde «base». Eso significa que, en general, siempre que tu canción utilice el acorde de tónica parecerá más en reposo, o en casa.

Eso hace del acorde I (o i) una elección común para el comienzo de una progresión de acordes –donde parece que se nos lleva lejos de casa– o el final de una progresión de acordes –donde parece que se nos lleva de vuelta a casa. Lo cual también hace de la tónica la opción más común para el acorde final de tu canción, porque hace que la canción suene terminada.

◆ Acorde V o v

El acorde V –a veces acorde v en menor– se llama tradicionalmente **acorde de dominante**.

En algunos aspectos el acorde de dominante es el opuesto o la réplica del acorde de tónica. Acabar una frase en acorde de dominante tiende a hacerla sonar abierta e inconclusa, y en general, el acorde de dominante quiere moverse –o resolverse– hacia el acorde de tónica.

Para mostrarte lo que quiero decir con eso, hablemos sobre dos tipos de **cadencia** –que es el término tradicional para los acordes al final de una frase musical.

He aquí lo que se llama una **cadencia perfecta** o una **cadencia auténtic**a –V y después I en tonalidades mayores, o V y luego i en tonalidades menores:

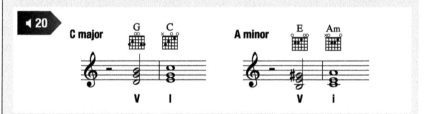

Suena acabado. Suena a final. Suena resuelto.

Compáralo con una **cadencia imperfecta** –como estas progresiones I–V y i–V:

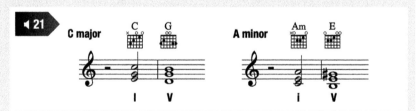

Como oirás, suena incompleto. Suena como si hubiese más por llegar. Nos deja en suspenso. Porque esto es lo que hace terminar en acorde V –nos hace anhelar un retorno al acorde de tónica y deja las cosas sonando incompletas.

Por esa razón, una cadencia imperfecta puede en realidad ser cualquier acorde seguido por el acorde V, no solo el de tónica, y el efecto general será el mismo.

Eso hace del acorde V una buena opción para el acorde final de tus estrofas si tu estribillo empieza en acorde I (o i) porque hará que tus estrofas suenen inacabadas o abiertas, de modo que desemboquen muy bien en el estribillo que viene después. Pero el acorde V se usa también en muchas progresiones de acordes.

Como dije en el texto principal, en tonalidades menores puedes usar ya sea el acorde V, un acorde mayor, o el acorde v, un acorde menor. Si comparas una cadencia perfecta V–i con una cadencia perfecta v–i, oirás que la cadencia V–i suena fuerte y final, mientras que la cadencia v–i no es tan potente, pero suena algo más vibrante:

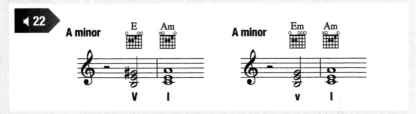

Por eso el acorde V suele ser la opción preferida en tonalidades menores. Pero si quieres usar el acorde v en su lugar para conseguir un efecto diferente, también puede funcionar. Pero como regla general, es una buena idea ceñirse a un tipo de acorde dominante en cada canción –sea el acorde V o v– y no mezclarlos y combinarlos.

◆ Acorde IV o iv

El acorde IV –o iv en menor– es tradicionalmente conocido como **acorde de subdominante**. Y aunque el acorde subdominante no suena tan descansado como el tónico (acorde I), claramente no suena tan cargado o incompleto como el dominante (acorde V). Sin embargo, suele combinar bien con ambos acordes, ya sea antes o después de ellos.

La progresión IV–V (o iv–v en menor) es otro tipo común de cadencia imperfecta, pero el acorde IV tiene también su propio tipo de cadencia con el tónico (acorde I) conocido como **cadencia plagal**:

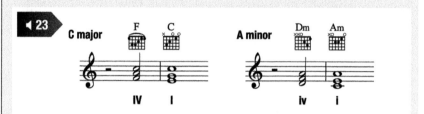

Las cadencias plagales pueden ser útiles en la composición de canciones porque crean el mismo efecto final y acabado que una cadencia perfecta. Pero a veces una cadencia perfecta puede parecer demasiado decisiva o tradicional, y una progresión más suave IV–I o vi–i a veces suena mejor.

De hecho, en general, el acorde IV o iv es a menudo un buen acorde «flexible», ya sea cayendo de nuevo sobre el acorde I o i, o flexionando lejos de él para volver, como en estas dos progresiones de cuatro acordes hechas a partir de las tres tríadas primarias mayores:

◀ 24 | C | F | C | G |

◀ 25 | F | C | G | G |

◆ **Acorde vi o VI**

El acorde vi en mayor y VI en menor es generalmente el más importante de las tríadas secundarias. Funciona bien con las tríadas primarias añadiendo un poco de color diferente, ya que es el tipo de acorde opuesto (menor en tonalidades mayores, y viceversa).

El acorde vi o VI a menudo va bien en lugar del acorde I o i. De hecho, hay otro tipo de cadencia que deberíamos incluir en la que el acorde vi o VI es comúnmente sustituido por el acorde I o i, llamado **cadencia rota** o **cadencia deceptiva**:

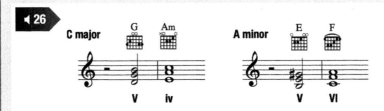

Probablemente puedes oír de dónde viene el adjetivo «rota» o «deceptiva» –suena como si el acorde V debiera ir a I o i, pero en su lugar va a vi o VI. (Una cadencia interrumpida también puede sorprendernos con cualquier otro acorde –cualquier cosa que no sea I o i– pero el acorde vi o VI es generalmente la opción más común.)

Al menos ésa es la teoría –y mientras la teoría de la cadencia es una forma útil de ver las relaciones de tus acordes principales entre sí, la mayoría de los compositores no piensan en componer cadencias específicamente. Es más bien algo que tienen en mente mientras elaboran progresiones de acordes que se ajusten al mood y a la onda particular de su canción. Aun así, una progresión de cuatro acordes puede incluir una combinación de los cuatro tipos principales de cadencia, como este viejo clásico:

◀ 27 | C | G | Am | F |

O puede que empiece con el acorde I y termine con el acorde V como una «interminable» o «mega» cadencia imperfecta, como ésta:

◀ 28 | C | Am | F | G |

◆ Acordes ii y iii en tonalidades mayores

No hay mucho más que añadir sobre los acordes ii y iii en tonalidades mayores –los cuatro acordes que acabamos de ver suelen ser los acordes más importantes.

Dicho esto, el acorde ii es a menudo un buen sustituto para el acorde IV, especialmente antes del acorde V en una progresión ii–V. Eso se debe a algo llamado **círculo de quintas** que básicamente dice que pasar de un acorde al acorde cinco grados por debajo (o cuatro por encima) tiende a sonar genial –como de un acorde en sol a un acorde en do, o de un acorde en la menor a un acorde en re menor.

No tenemos espacio para hablar mucho más sobre el círculo de quintas, pero es una de las razones por las que las cadencias perfectas son unas progresiones tan fuertes –van de V a I, cinco grados por debajo. Y si trabajamos desde ahí hacia atrás, podemos crear las progresiones ii–V–I (como re m–sol–do) o incluso iv–ii–V–I (como la m–Re m–sol–do), donde la fundamental de cada acorde está a cinco grados por debajo de la nota anterior. Eso hace que estas progresiones suenen extrafuertes:

◀ 29 ▶ | Am | Dm | G | C |

El acorde iii en tonalidades mayores suele funcionar como un color de acorde fresco o diferente. Funciona bien seguido del acorde IV (un tono arriba) o el acorde vi (el siguiente acorde en el círculo de quintas), pero otras combinaciones también son posibles. El acorde iii a menudo funciona como un buen sustituto para el acorde I –si hay un punto donde el acorde I funciona, a veces cambiarlo por el acorde iii puede funcionar bien en su lugar.

◆ Acordes VII y III en tonalidades menores

El acorde VII funciona de un modo bastante diferente a los demás acordes de los que hemos hablado hasta ahora. Puede ser un buen sustituto para el acorde V que suena más «roc-kero» y menos tradicional.

Así que extraoficialmente, puedes pensar en VII–i en tonalidades menores como una cadencia perfecta alternativa (en vez de V–i), o incluso en los tres acordes i, VI y VII como un conjunto de tríadas primarias en tonalidad menor con un sonido más pop. Para oír lo que quiero decir, escucha estas dos progresiones de cuatro acordes:

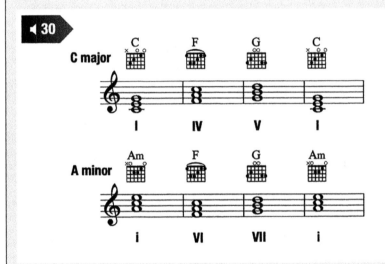

De hecho, al igual que con las verdaderas tríadas primarias, puedes combinar estos tres acordes –i, VI y VII– como quieras y sonará bien.

El acorde III en tonalidad menor funciona de forma similar al acorde iii en tonalidad mayor –es otra calidad de acorde para probar, y a menudo va bien como sustituto del acorde de tónica (acorde i).

[4C] COMPÓN LA MELODÍA DEL ESTRIBILLO

Ahora toca añadir una melodía vocal a tu estribillo. Y aunque existe cierta ciencia detrás de lo que hace que una progresión de acordes funcione, cuando se trata de componer melodías, lo que funciona o no se reduce mucho más a la intuición.

¿Sabes cuándo una gran melodía te golpea y entra directamente en tu alma? Pue bien, claro, hay técnicas que te pueden ayudar a componer una melodía así –pero no hay una fórmula mágica en absoluto. En cambio, lo mejor que puedes hacer es probar a componer algo que te emocione –que te suene bien a ti– y entonces, lo más probable es que llegue emocionalmente también a los demás.

En el resto de esta sección, veremos algunas de estas técnicas. Pero al mismo tiempo, una de las cosas más importantes que puedes hacer es aspirar al nivel de salvajismo del compositor clásico Claude Debussy cuando dijo: «No hay teoría. Sólo hay que escuchar. El placer es la ley».

Y con esto en mente, pongámonos manos a la obra.

☞ HAZ UN BOCETO RÍTMICO

Uno de los retos de escribir una buena melodía –especialmente cuando intentas componer una melodía que encaje con una letra y una progresión de acordes específica que ya has compuesto– es que puede parecer que estás intentando pensar en diecisiete cosas diferentes a la vez.

Por eso, antes de pasar a la composición melódica propiamente dicha, un buenísimo primer paso es esbozar, aunque sea a grandes rasgos, el ritmo que podría tener tu melodía vocal.

¿Es éste el único secreto mágico para componer grandes melodías?

Nor.

¿Suprimirá todo el proceso de ensayo y error a la hora de componer una buena melodía?

Nor.

¿Es incluso una técnica que debes utilizar en todas las canciones que compongas por siempre jamás?

Nor. No necesariamente.

Pero la cuestión es que se trata de una estrategia muy útil para facilitar el proceso de composición melódica, tanto si eres un compositor principiante como si no. A medida que vayas adquiriendo experiencia, serás capaz de hacer gran parte de esta etapa con el piloto automático y no necesitarás hacerlo como un paso separado. Pero por ahora, si estás empezando a componer canciones, es una técnica que merece la pena llevar a cabo para ayudarte a centrarte en algunos fundamentos importantes. E incluso si tienes experiencia, es una técnica que merece la pena probar al menos un par de veces de forma que puedas tenerla bajo la manga siempre que puedas necesitarla –porque tarde o temprano probablemente la vas a necesitar.

Así pues, las melodías existen básicamente en dos dimensiones –un ritmo de melodía es lo que pasa horizontalmente, en el tiempo, mientras que el sonido, o las notas, de la melodía son lo que pasa verticalmente, arriba y abajo en la escala. Esta técnica consiste en centrarse por ahora en una sola de estas dimensiones, para darte la oportunidad de crear algo que suene bien cuando llegue la parte sucia de ensayo y error de construir una melodía completa.

Y –como verás– empezar con el ritmo de la melodía te ayudará a asegurarte de que lo que compones queda bien con la letra que escribiste en la Parte 3. Te ayudará a construir una base que funcione para que puedas centrarte en el lado creativo de la composición melódica más adelante.

Empecemos con algunos conceptos básicos sobre el ritmo.

Lo primero que hay que pensar es la manera en que el ritmo de tu melodía va a encajar con tu letra. En realidad, no se trata de las palabras individuales, sino de sus sílabas, las «unidades de sonido» individuales que componen las palabras cuando las dices o las cantas, y la forma en que encajan con las notas de la melodía.

En composición, cada sílaba de una canción necesita al menos una nota melódica con la que emparejarse. Así, «cat» necesita al menos una nota. «Llama» necesita al menos dos. Y «screaming hairy armadillo»[4] necesita al menos ocho. (Sip, es un animal de verdad. Búscalo.)

Cat

Lla - ma

Scream - ing   hai - ry   ar - ma - dil - lo

---

4. Y «piche llorón». (Nota trad.)

Y en la mayoría de los géneros de composición, una nota por sílaba es prácticamente la norma. Así que a menos que tengas una buena razón para no hacerlo, dar una nota a cada sílaba es una táctica buenísima.

Aun así, es sólo una opción. Dije «al menos» una nota por sílaba porque también se puede alargar una sílaba sobre varias notas melódicas en lo que se llama **melisma**.

Así, con una palabra como ««ello», podrías ponerla como «hel–lo», pero también podrías ponerla como «he–el–lo», o «hel–lo–o», o «he–e–el–lo». O incluso –tal vez si estás componiendo para Mariah Carey –podrías poner algo como «he–e–e–e–e–e–e–e–e–e–e–el–lo–o–o–o–o–o–ooooo»:

Como oirás al escuchar este ejemplo, poner la palabra «hello» de distintas maneras crea un efecto ligeramente diferente. (Con algunas palabras, incluso tienes cierta flexibilidad con el número de sílabas que tienen, como «every» –que oficialmente tiene tres sílabas, pero la mayoría de gente suele decir «ev'ry», con sólo dos.)

Pero componer una buena melodía –incluso sólo el ritmo– es mucho más que ajustar sílabas a ritmos. Y parte de esto se debe a la **prosodia** –el arte de combinar melodía y letra en un todo perfecto.

En pocas palabras, la prosodia consiste en componer melodías que transmitan las palabras de sus letras de forma natural y convincente.

Eso no significa que haya una única manera «correcta» de poner letra a una música, pero significa que la mayor parte de las palabras y frases tienen un ritmo natural y a menudo un tipo de subida o bajada melódica, al pronunciarlas. (Si quieres oír lo que quiero decir, prueba a pronunciar este párrafo en voz alta.)

Una buena prosodia consiste en trabajar con ambas cosas –o al menos, no contra ellas. En esta sección debes centrarte en escribir un ritmo que represente bien de la forma que dirías la letra de tu canción en la vida real –y no solo en escribir un ritmo con el número correcto de sílabas.

Si quieres saber más sobre prosodia, a continuación encontrarás una caja de herramientas que entra en más detalle. (También hay todavía más en El Arte de Componer.) Pero si no quieres preocuparte de eso por ahora, no pasa nada –simplemente sáltatelo y sigamos adelante.

CAJA DE HERRAMIENTAS

LA BUENA PROSODIA

La prosodia es el arte de componer una melodía que encaje en tu letra como en un sueño, o viceversa. Muy probablemente querrás que tu letra se oiga y se entienda, así que una buena prosodia consiste en combinar melodía y letra de forma que eso se cumpla lo más fácilmente posible.

Y en cuanto a ritmo se refiere, hay básicamente dos cosas importantes que merece la pena tener en cuenta.

◆ **Mantén un ritmo más o menos natural**

Como dije anteriormente, no hay un único ritmo «correcto» para una letra –sólo un montón de maneras que encajan y se mantienen fieles, más o menos, a la manera en que dirías esas palabras en la vida real.

Eso significa que debes asegurarte de no componer ritmos que distorsionen enormemente el ritmo natural de las palabras al pronunciarlas, especialmente creando pausas o interrupciones extrañas. Así que si tu letra contiene la frase

«I wandered lonely as a cloud», sonaría raro si le dieras este ritmo:

I wan-dered lone-ly as_____ a cloud.
Vagué solitaria como una nube.

Y es que este ritmo hace pausas muy largas en las dos pa-labras con menos significado e impacto emocional —«as» y «a»— algo que no se hace en el habla normal en absoluto. Por eso suena extraño. Parece distorsionado.
En cambio, si les diste a esas palabras un ritmo como éste, suena mucho mejor:

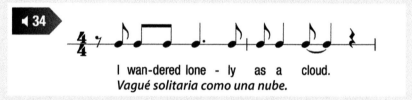

I wan-dered lone - ly as a cloud.
Vagué solitaria como una nube.

Repito, éste no es el único ritmo posible que se le puede dar a esta frase –y se podría optar por algo un poco más creativo y original. Pero oirás que alargando las palabras «lonely» y «cloud» funciona muy bien porque posiblemente son las dos palabras más significativas de este verso.

◆ **Vigila con los acentos de las palabras**
Hemos tocado el tema del acento de las palabras en la caja de herramientas sobre la rima en la Parte 3, y los acentos también son muy importantes para la prosodia.
En resumen, debes asegurarte de que los acentos naturales de tu letra recaigan sobre todo en los tiempos principales del compás.

Eso es porque cuando pronuncias cualquier frase de tu letra, algunas de las sílabas reciben un poco más de peso que otras. De esta manera dices «WAN–der», no «wan–DER». Dices «I WAN–dered LONE–ly AS a CLOUD», porque si dices «I wan–DERED lone–LY as A cloud» la gente te mirará con extrañeza.

Y al componer una canción, hay que hacer coincidir esos acentos con los tiempos –no queremos, como se suele decir, poner el en–FA–sis en la sí–LA–ba incorrecta.

Así que con «I wandered lonely as a cloud» –que sigue un patrón de acentuación regular de tipo alterno– querrías escribir algo así:

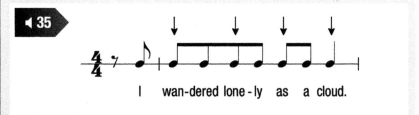

Verás –y oirás– todos los acentos en los tiempos, que he marcado con flechas por si acaso. (Y ese primer compás incompleto, si te lo estabas preguntando –el que tiene sólo un tiempo– se llama **anacrusa**. Es muy común en la composición, y útil cada vez que necesitas poner una sílaba o dos de la letra antes del primer tiempo del compás.)

Por otro lado, este es el tipo de prosodia que no te ayudará a hacer amigos en las fiestas:

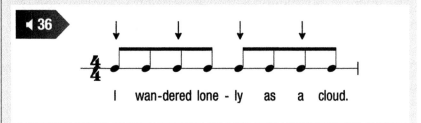

Aquí las sílabas acentuadas nunca recaen en los tiempos, así que suena como si algo estuviera mal. Sólo hace que el oyente piense en la extraña manera en que las palabras están unidas al ritmo y no, ya sabes, en el significado de las propias palabras. Y eso, en definitiva, es tan importante la prosodia.

Y en cuanto a la prosodia, suele haber un puñado de formas estupendas de adaptar una letra a un ritmo –y los compositores suelen usar muchas licencias creativas en hacer que sus melodías sean mucho más ricas o grandiosas que el discurso normal. Y eso es genial. Pero al final lo que no quieres es componer algo que distorsione o retuerza la manera natural en que pronunciarías tu letra hasta el punto de que suene rara.

Y para toda la teoría y detalles que acabo de darte, como siempre la mejor manera de descubrir si lo que has escrito funciona o no es escuchar. En la mayoría de los casos, con sólo pensar un poco en cómo los ritmos que usas encajan con las palabras que has escrito, empezarás a detectar la mala prosodia con mucha facilidad, y luego podrás ponerte manos a la obra para idear algo mejor.

Así que teniendo en cuenta los principios de la buena prosodia, hablemos sobre cómo empezar a esbozar el ritmo de tu melodía.

En primer lugar, te recomiendo pensar sobre tu ritmo en **frases**.

Una frase musical se parece mucho a una frase hablada –es una entidad musical con sentido unitario, completo y autónomo. Y la mayoría de las veces, las frases musicales de una canción van a coincidir con las frases de tu letra –que suelen ser los versos individuales de tu canción.

Eso significa que en lo que se refiere a esbozar el ritmo de la melodía de tu estribillo, es una buena idea hacerlo verso a verso –o en orden, o al menos escribiendo un verso entero cada vez.

En segundo lugar, te facilitarás mucho las cosas a ti mismo –y harás más fácil de escuchar tu melodía final– si aprovechas las oportunidades para usar la repetición en tu esbozo rítmico.

En la Parte 3, hablamos de cómo la repetición del gancho lírico de tu canción ayuda a hacer que la letra sea más fácil de entender y de memorizar. Bien, pues la misma idea sirve para la repetición rítmica –si repites el mismo tipo de ideas rítmicas, eso hará tu melodía final super pegadiza y más divertida de escuchar.

Es más, incluso si se da a dos versos líricos completamente diferentes el mismo ritmo o un ritmo similar, seguiremos oyendo la similitud rítmica entre ellos. Así pues, la repetición rítmica es una manera de hacer tus melodías aún más pegadizas de lo que podrías con las palabras solamente. (Guay, ¿no?)

Una buena manera de empezar con tu boceto rítmico es poner en marcha un metrónomo o un loop rítmico en el tempo que decidiste utilizar anteriormente, y luego decir en voz alta el primer verso o uno con el gancho lírico, siguiendo el ritmo. Como siempre necesitarás probar varias cosas diferentes para ver lo que te gusta –mientras intentas componer algo que siga los principios de la buena prosodia, un ritmo que quede bien con esas palabras.

A partir de ahí, puedes empezar a construir frases, tal vez como continuaciones o respuestas (al estilo pregunta y respuesta) a ese verso, como esto:

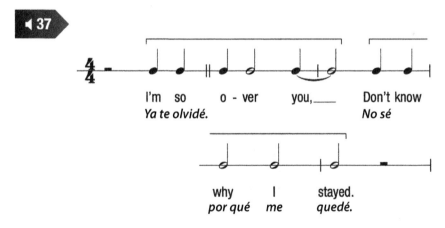

Estas frases son bastante cortas –las tuyas deberían contener más sílabas– pero si tocas o escuchas este ejemplo oirás cómo las frases encajan perfectamente como un par. He marcado cada frase con un corchete arriba para mostrarte cómo funciona.

(Ambas frases empiezan con una anacrusa –dos notas introductorias antes del primer tiempo del compás.)

También notarás que cada frase termina con una nota más larga, lo cual es una idea genial por dos razones. Una, crea un tipo de puntuación musical para marcar el final de cada verso, ya que no podemos oír ningún signo de puntuación real en la letra. Y dos, da al cantante la oportunidad de respirar. Dependiendo de la letra, puede que no tengas demasiado espacio para poner una nota larga al final de cada verso, pero si no le das a tu cantante la oportunidad de respirar cada dos o cuatro versos, probablemente puedas imaginar cómo se sentirá al respecto.

Así que eso es lo básico para construir frases rítmicas. Pero a veces, dependiendo de tu letra, puedes llevar las cosas un poco más lejos. A veces puedes hacer de algunas de tus frases esquemas rítmicos exactos –o repeticiones casi exactas– más que respuestas sueltas entre sí. De esta manera:

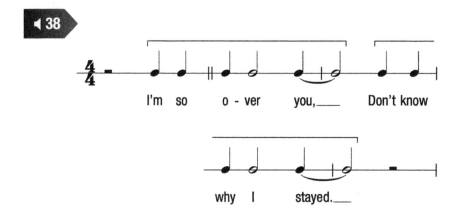

Si escuchas, oirás cómo ambas frases tienen exactamente el mismo ritmo. Y aunque puedas pensar que eso sonaría aburrido, la repetición exacta en realidad suena muy bien. El cambio de letra mantiene las cosas interesantes, mientras que el ritmo regular ayuda a que las dos frases se sientan unidas. Por eso siempre vale la pena buscar la oportunidad de incluir repeticiones rítmicas en cualquier melodía que compongas –ayudan a hacer tu melodía más memorizable y pegadiza.

Y a medida que adquieras más experiencia, empezarás a encontrar maneras más ingeniosas de incluir la repetición rítmica en y entre frases.

Para mostrarte lo que quiero decir, aquí tienes una ligera versión de la letra con un nuevo ritmo:

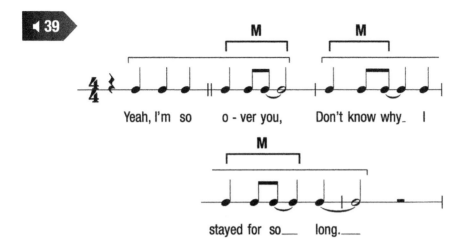

Cada uno de los componentes que forman una melodía o ritmo se llaman **tema** –son como las piezas de lego que encajas para construir frases completas. (Con la diferencia que los temas no duelen tanto si accidentalmente pisas uno.) En este ejemplo, he etiquetado como «M» el tema rítmico central –por«tema», o «magnífico», o «maravilloso», lo que prefieras– y verás que se multiplica como los hongos. Se usa en una frase ligeramente diferente cada vez, pero como oirás, toda esa repetición de la misma idea rítmica produce un efecto realmente agradable.

(Si estás prestando atención de verdad, habrás detectado que esta versión tiene un tiempo principal en la primera frase y tres en la segunda, lo cual en teoría es un poco raro, imagino. Pero suena bien, así que ningún problema.)

He escrito estos ejemplos completamente en notación, porque esto es lo que se hace cuando uno escribe un libro sobre composición. Pero puedes elaborar tus propios ritmos apuntándolos, o simplemente descubriéndolos en directo y luego grabando una versión definitiva en una nota de voz o como una pista guía o simulada en tu EAD. En cualquier caso, una vez más es una buena idea poner en marcha un metrónomo o un ritmo repetitivo mientras encuentras un ritmo que encaje con tu letra, y luego puedes encontrar la forma de anotar o grabar tu versión terminada.

He elaborado mis ejemplos siguiendo la norma general que cada verso de una letra suele coincidir perfectamente con dos compases de música. Pero si la tuya no lo hace tan fácilmente, no te alarmes. Eso pasa, incluso a los compositores con experiencia.

Si todos los versos te parecen demasiado corto o largo, quizá puedas solucionarlo duplicando o reduciendo a la mitad el número de compases por verso –intenta encajar cada verso en cuatro compases o en uno.

Pero si eso no funciona, puede que tengas que hacer algunos retoques para que la letra encaje –añadir alguna sílaba o quitar otras sin cambiar el significado básico de la letra. (Esto parece ocurrir sobre todo al principio o al final de los versos, donde a menudo hay que añadir o quitar sílabas que fluyan.)

Lo sé, puede que no suene ideal pero, como cualquier matrimonio, conseguir que tus palabras y tu música funcionen bien juntas requiere trabajo. E incluso como compositor experimentado, nunca sabes si tu letra va a encajar en el número de compases que pensabas hasta que intentas unirlos. Así que no cejes en tu empeño y haz las correcciones que necesites para que tu letra encaje. Y en caso de duda, da prioridad a que el ritmo de la letra tenga sentido, aunque eso signifique que la letra quede rara en el papel.

Así que inténtalo y trata de crear un boceto rítmico decente para la letra de tu estribillo. Con el ritmo especialmente, es normal que lo que escribas evolucione, poco a poco, a medida que vas detectando nuevas áreas que quieres renovar o retocar. Así que deja que el proceso ocurra –y, como ya sabes, deja que tu instinto te guíe hacia lo que suena bien.

Aparte de eso, puedes dejarte guiar por los principios de la prosodia, el pensamiento en frases y la inclusión de un montón de repeticiones. Entonces una vez que hayas terminado, tendrás una gran base rítmica para tu melodía vocal final, y estarás listo para seguir adelante en el proceso.

HAZ UN ESBOZO RÍTMICO

Un buen primer paso para componer la melodía vocal –sobre todo si eres nuevo en esto de componer canciones– es centrarte en esbozar su ritmo.

Una manera genial de hacerlo es poner en marcha un metrónomo o marcar el compás e intentar improvisar ritmos específicos para la letra de tu estribillo.

Intenta crear un ritmo que se mantenga fiel a la forma en que pronunciarías la letra en la vida real –o al menos, que no la distorsione. Y busca oportunidades para repetir las mismas ideas rítmicas, o temas, en tu esbozo rítmico.

☞ COMPÓN LA MELODÍA VOCAL DE TU ESTRIBILLO

Muy bien, llegó la hora. Has puesto los cimientos y ahora es el momento glorioso de convertir todo lo que has creado hasta ahora en una melodía vocal completa.

Eso significa que el objetivo de esta sección es reunir el esbozo rítmico que acabas de crear y la progresión de acordes que compusiste antes y, con un poco de ingenio creativo, utilizarlos para componer una melodía vocal acabada.

Y como de costumbre, no hay una solución rápida secreta para lograrlo –sólo hay que probar un montón de cosas hasta encontrar algo que funcione.

Primero, si te has estado preguntando cómo componer una melodía que se ajuste una progresión de acordes específica, en realidad hay dos respuestas. La primera –como siempre– es que, si pruebas una nota concreta sobre un acorde y suena bien, entonces es buena. Y la segunda –que te ayudará a hacerlo aún más rápido– es que las notas que suenan más fuerte suelen ser las que componen ese acorde.

En otras palabras, si el primer acorde de tu melodía es en do mayor, eso significa que tu melodía vocal probablemente se va a centrar en una o más de las notas do, mi y sol. Entonces, si el acorde cambia a sol mayor en el siguiente compás, tu melodía va a pasar un compás más o menos centrándose en una o más de las notas sol, si y re.

Así que, para una melodía muy simple, podrías tomar el ritmo que acabas de escribir, aplicarlo a una nota de cada acorde, y voila, ya tienes una especie de melodía:

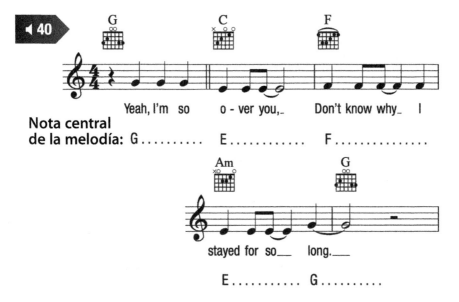

¿Y sabes qué? En realidad, suena bastante bien. Todo lo que hice fue combinar el esbozo rítmico que creé para esta letra con las notas sol, mi, fa, mi y sol para que encajaran en la progresión de acordes.

Si te estabas preguntando de dónde sale este primer acorde de sol, es porque la melodía empieza en anacrusa –con esas tres notas sueltas. Eso significa que el estribillo en realidad empieza en el primer tiempo del primer compás –en la «o–» de «over» –y el compás anterior es en realidad el último compás del verso anterior. Para este ejemplo, supuse que la progresión de acordes de la estrofa terminaba en un acorde de sol –como la progresión del estribillo. No te preocupes demasiado por esto, pero como norma general, necesitas sincronizar el primer tiempo de la melodía del estribillo con el primer acorde del estribillo.

Además, si eres avispado, habrás notado que en el cuarto compás, el sol de «long» pertenece en realidad al acorde de sol mayor del siguiente compás (la nota sol no está en un acorde de la menor), aunque aparece un poco antes. A eso se le llama **anticipación** rítmica, y es un interesante truco melódico muy usado en la composición de canciones. (En realidad hay un puñado de formas diferentes de incluir notas no cordales –notas fuera del acorde– cuando compones.)

Así que, si no tienes literalmente idea por dónde empezar con una melodía vocal, un primer gran paso es escoger una nota de cada acorde para construir tu melodía enteramente a partir de esas notas «centrales». (Y no critiques las melodías repetitivas de una sola nota, que, por cierto –compositoras como Taylor Swift han hecho cosas increíbles con ellas.)

Pero, por supuesto, a veces querrás ir un paso o dos más allá –especialmente en la melodía del estribillo, donde es una buena idea componer una melodía más atrevida y con mayor intención.

E igual que con el ritmo de la melodía de tu estribillo, con las melodías completas una de las mejores maneras de componerlas es dejarlas evolucionar. Si quieres componer algo un poco más atrevido, a veces tienes que empezar componiendo una melodía muy básica y luego pulirla y mejorarla hasta que se convierta en lo que quieres. Así que puedes seguir tocando tu progresión de acordes una y otra vez o ponerlos en bucle en tu EAD (estación de trabajo de audio digital), mientras tocas o cantas encima versiones ligeramente diferentes de tu melodía. Esto puede llevarte un poco de tiempo, pero es una buena manera de dejar que tu melodía evolucione, poco a poco, hacia algo que realmente brille.

Aparte de eso, todo lo que hablamos sobre repetición y temas también sirve para componer melodías. De hecho, con las melodías, a menudo hay incluso más espacio para hacer esto –porque incluso si no repites el tema melódico exacto, pero mantienes intacta su «forma» melódica general, seguiremos oyendo la conexión.

Puedes incluso usar temas melódicos **invertidos** –al revés– y la repetición ayudará a hacer tu melodía aún más memorable y pegadiza.

Esto es lo que quiero decir:

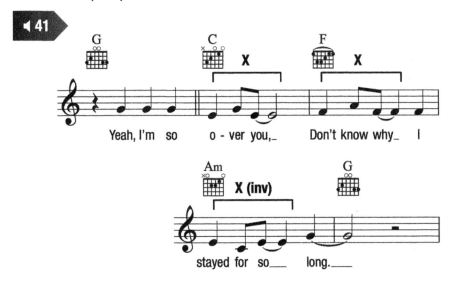

En este ejemplo, la melodía conserva la misma nota central en cada compás como antes –aunque esta vez está lleno de otras notas también involucradas, que hacen la melodía más interesante.

He etiquetado el tema melódico principal con «X» –de «eX-cepcional» o «eX-celso»– y verás cómo se utiliza tres veces seguidas. El tema es comienza básicamente con una figura melódica mi–sol–mi. Luego utilizo una nota más arriba, fa–la–fa, para encajar el siguiente acorde – y como tiene la misma forma melódica, o contorno, todavía es reconocible como tema. Y luego –mi gran jugada maestra– uso el tema invertido mi–do–mi, marcado «X(inv)», y como la forma permanece intacta, seguimos oyéndolo como el tema.

Y claro, estoy alardeando. Me esforcé mucho en repetir el mismo tema melódico para demostrar algo, y no todas las melodías van a repetir el mismo tema o temas melódicos de compás tras compás de esta manera. Pero ya te haces una idea: Si puedes buscar oportunidades para repetir las mismas ideas melódicas o ideas similares en la melodía del estribillo, eso te ayudará a que tu melodía suene coherente –como si fuera una sola cosa– además de hacerla superpegadiza. Porque, como sabes, eso es lo que hace la repetición.

Como en tu esbozo rítmico, suele ayudar pensar las melodías en frases. Por lo tanto, para componer una melodía completa –y así es como compuse el ejemplo anterior –prueba estos tres pasos:

- Compón una frase melódica completa para el primer verso –o incluso los dos primeros versos– de tu estribillo. Escribe lo que suene bien.
- A continuación, escoge uno de los temas de la canción –intenta elegir algo que suene característico– que podamos reconocer cuando lo repitas. (Algunas canciones incluso usan una frase melódica entera como tema.)
- Luego, céntrate en construir el resto de la melodía, frase a frase, intentando incluir ese tema tanto como sea posible.

No hay que darle demasiadas vueltas –componer melodías no es un gran rompecabezas en el que hay que meter los mismos temas melódicos una y otra vez. Pero si te propones usar un montón de repeticiones y dejas que tu instinto te ayude a decidir qué suena bien, no puedes equivocarte.

Como todo lo demás, las melodías pueden requerir mucho ensayo y error para ser correctas. Así que no te estreses si no te sale perfectamente a la primera. Revisión y reescritura son sólo una parte del proceso de componer buenas canciones –y a menudo tienes que componer la versión mala (o versiones) de algo antes de poder componer la versión buena.

Ah, y otra cosa: intenta mantener el **registro** de tu melodía –la distancia desde la nota más grave a la más aguda– dentro de aproximadamente una octava, digamos de un Sol al siguiente Sol más arriba. Eso hará que la mayoría de las cantantes puedan cantar lo que compusiste. (Hay más sobre registro vocal –y otros consejos adicionales para componer melodías– en la caja de herramientas de la página siguiente.)

Y eso es todo básicamente –sigue pensando en frases melódicas enteras, sigue dejando que tu instinto te guíe, y sigue intentando cosas nuevas para encontrar lo que funciona y lo que no.

Siempre es una buena idea practicar cantando tu melodía vocal a medida que la vas componiendo –incluso si no eres un verdadero cantante– para ayudarte a descubrir qué te gusta y qué no. Y por supuesto, si quieres hacer algún cambio en tu esbozo rítmico cuando lo conviertas en una melodía acabada, adelante. (Es por eso por lo que se llama esbozo y no «un ritmo grabado en piedra para siempre».)

Una vez que tu melodía esté completa, asegúrate de registrarla –ya sea escribiéndola, cantándola o tocándola en una nota de voz o una pista de tu EAD.

Entonces, cuando estés listo, lo único que queda para añadir al estribillo de tu canción es el acompañamiento o ritmo instrumental. Y eso es lo que veremos a continuación.

COMPÓN LA MELODÍA DEL ESTRIBILLO

Usa el ritmo que esbozaste anteriormente para elaborar una melodía vocal completa. Intenta centrar tu melodía en torno a una o más notas del acorde que está debajo.

Intenta pensar en frases musicales completas –o versos de la letra– y busca oportunidades de utilizar la repetición melódica para ayudarte a mantener la melodía unificada y memorable.

Deja que tu melodía evolucione ajustándola y mejorándola, poco a poco. Una de las mejores maneras de hacerlo es intentar cantarla en voz alta y dejar que tu instinto te guíe hacia lo que suena bien.

CAJA DE HERRAMIENTAS

CONSEJOS ADICIONALES
PARA COMPONER MELODÍAS

◆ **Mantén el registro vocal de tu canción dentro de una octava aproximadamente**

Intenta que el rango de tu melodía –el intervalo entre las notas más agudas y las más graves– no supere las ocho y diez notas de la escala, es decir, una octava y un poco más. Esto se debe a que, a menos que estés componiendo para una cantante específica de la cual conozcas el registro, una octava más o menos es generalmente un registro seguro en el que componer para asegurarte de que la mayoría de los cantantes pueden interpretar lo que has compuesto. Y aunque ocho o diez notas no parecen muchas para jugar, normalmente son más que suficiente. (La mayoría de los compositores se ciñen a ese registro y consiguen componer melodías interesantes y pegadizas.)

◆ **Termina en la nota tónica para que suene acabada**

Antes hemos hablamos de cómo terminar la canción con el acorde de tónica de la tonalidad –el acorde de «casa»– ayuda a que tu canción suene acabada. Y terminar la melodía vocal de tu estribillo en la nota tónica –1r grado de escala– es una manera estupenda de que suene acabada.

Por la misma razón, suele ser una buena idea empezar la melodía de tu estribillo en una nota distinta a la tónica, así la melodía entera se convierte básicamente en un gran viaje de regreso a casa, desde allí hasta la nota tónica.

◆ **Deja que la melodía de tu estribillo marque la diferencia**

Ya hemos hablado de esto antes, pero una cosa más que hay que tener en cuenta con las melodías de los estribillos es intentar que sean especialmente declamatorios o llamativos –para que suenen como una declaración.

Eso es porque, de nuevo, el estribillo es la parte de la canción en la que realmente subyace la idea, así que, si puedes, intenta que la melodía vocal de tu estribillo parezca sustancial, como si transmitiera un mensaje importante. (Ya que probablemente sea así).

[4D] COMPÓN EL ACOMPAÑAMIENTO DEL ESTRIBILLO

Así pues, la música de tu estribillo está casi terminada. Lo único que queda por añadir son las partes instrumentales o no–vocales.

Hay muchas formas de describir las partes no–vocales de una canción –su coro, su backing, su sostén– pero en lo que respecta a la composición de canciones, merece la pena pensar en estas partes en términos de **acompañamiento**.

En composición, un acompañamiento es una idea instrumental o patrón que respalda la melodía vocal de la canción –o uno de sus apartados– y le da un carácter específico. Y lo bonito de crear un buen acompañamiento es que le puedes sacar un muy buen rendimiento –la mayoría de las veces, las partes no vocales de una sección entera de una canción se componen de una sola idea corta de acompañamiento que se repite y repite, sobre los acordes cambiantes.

Así, por ejemplo, se te puede ocurrir una idea de acompañamiento que sea sólo un ritmo específico de un compás. Entonces, tocando o rasgueando ese ritmo en un acorde de Do, luego en un acorde de Sol, luego en un acorde de La menor, y luego en uno de Fa –cada uno en un compás– puedes usar ese acompañamiento para rellenar un estribillo entero.

De este modo, aunque el acorde que utiliza el acompañamiento cambie constantemente, toda esa repetición ayuda a que la sensación general y el mood de la sección sean los mismos –lo que ayuda a que la sección tenga un sentido de unidad musical, como si fuese una sección de canción única y definida.

Pronto hablaremos de algunas técnicas e ideas que puedes utilizar para hacer conseguirlo. Pero antes hablemos de cómo funcionan los acompañamientos.

👉 QUÉ HACEN LOS ACOMPAÑAMIENTOS

Por un lado, el rol del acompañamiento de tu canción es acompañar y respaldar la melodía vocal –o cualquier otro tipo de melodía. Pero los grandes acompañamientos no sólo apoyan sus líneas vocales, sino que las realzan y las enriquecen. O, en palabras del letrista Yip Harburg: «Las palabras te hacen pensar un pensamiento. La música te hace sentir un sentimiento. Una canción te hace sentir un pensamiento».

Eso significa que tu mayor objetivo a la hora de crear un acompañamiento es **componer un acompañamiento que capte la emoción principal de tu canción.**

Ya hemos visto brevemente esta idea cuando hablábamos de elegir una tonalidad, un compás y un tempo para tu canción. Pero ahora que se trata de componer el acompañamiento, es tu mejor ocasión para captar de qué trata tu canción a través de su música. Y con la música se puede hacer eso de una forma de la que no siempre somos conscientes –puedes componer algo que traspase el cerebro pensante de tu oyente y se deslice directamente hacia su alma.

En otras palabras, para parafrasear a Yip Harburg, el acompañamiento de tu canción está ahí para que tu audiencia sienta algo.

Y como de costumbre, eso significa que necesitas que la forma en que suena tu acompañamiento provenga de la gran idea de tu canción. Así, mientras que para una canción con mensaje optimista se puede elegir un tipo de acompañamiento específico, para una canción con un mensaje triste, o de enfado, o de arrepentimiento, se elegiría un tipo de acompañamiento completamente distinto.

Yo llamo a esta idea la Santísima Trinidad de la composición –en una buena canción, necesitas que la idea, el gancho lírico y el acompañamiento funcionen los juntos. Igual que necesitas que tu gancho lírico capte la gran idea de tu canción en una breve frase o palabra, necesitas que el acompañamiento exprese emocionalmente esa gran idea a través de la emoción y el ambiente que crea.

IDEA DE CANCIÓN

GANCHO LÍRICO
(TÍTULO)

ESTILO DE
ACOMPAÑAMIENTO
/ MOOD

En una buena canción, las tres partes de la Santísima Trinidad –idea, gancho y acompañamiento– van a trabajar juntas para crear un único resultado o efecto.

Esa es la teoría. Ahora veamos qué significa a la práctica cuando se trata de componer el acompañamiento del estribillo de tu canción.

☞ COMPÓN EL ACOMPAÑAMIENTO DE TU CANCIÓN

Dado que el estribillo es la parte central o núcleo de la canción, normalmente querrás que su acompañamiento capture el *mood* y la emoción general de la canción más claramente que en ninguna otra de sus partes.

El primer paso para hacerlo es descubrir la unidad básica de acompañamiento de tu estribillo. Para crear un sentido de unidad en tu canción, necesitas crear una «unidad» corta de acompañamiento, de uno o dos compases –que puedas repetir sobre la secuencia de acordes cambiante del estribillo.

Generalmente es más sencillo empezar componiendo el nuevo acompañamiento sobre un único acorde. Entonces, por ejemplo, si el primer acorde de tu estribillo es do mayor, es una buena idea construir un acompañamiento que utilice principalmente las notas Do, Mi y Sol. Eso significa que uno de los acompañamientos más sencillos que se te podría ocurrir es éste:

Y en realidad, no está tan mal. Funciona. Toma las notas del acorde de Do mayor y las construye en una unidad de compás que podríamos repetir fácilmente en varios acordes diferentes. No es muy recargado ni intenso, por lo que no sobrecargará la voz del cantante ni nos distraerá de la letra de la canción.

Pero tampoco es el mejor acompañamiento de todos los tiempos. No es especialmente interesante, y –como hemos comentado– no desprende mucho carácter. Así que a menos que estés componiendo una canción titulada «Beige, beige, wonderful beige», es buena idea apostar por algo un poco más interesante y específico en cuanto a la sensación y el ambiente que quieres para tu canción.

Por ejemplo, si tu canción es una balada conmovedora, puedes probar a componer algo como esto:

Por supuesto, sigue siendo bastante simple –y acordes repetidos o rotos (partidos) funcionan genial como acompañamiento– pero esta idea tiene mucho más carácter que la primera. Empieza a decirnos algo. Empieza a hacernos *sentir* algo.

Pero quizá tu canción no sea una balada emotiva. Tal vez sea una canción alegre que necesita un acompañamiento más rock para ayudar a resaltar el significado de su letra, como esto:

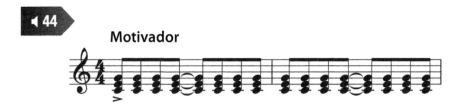

O tal vez tu canción iría mejor con un acompañamiento más juguetón y vivaz, como este:

De nuevo, todo lo que he hecho con estas tres ideas de acompañamiento es proponer algunas ideas instrumentales sencillas que esbozan un acorde de Do mayor –usando las notas do, mi y sol– pero que ayudarían a capturar el ambiente o carácter específico de tu canción.

Por supuesto, si eres un compositor con más experiencia, tal vez quieras intentarlo con acompañamientos más avanzados.

Por ejemplo, aquí tienes un acompañamiento estilo balada más desarrollado, que también empieza incorporando algunas notas no cordales:

No voy a entrar ahora en demasiados detalles sobre las notas no cordales, pero si quieres saber más sobre cómo funcionan, hay otra caja de herramientas en la página 115. (Y si eres nuevo en la lectura de partituras, por cierto, las dos líneas o pentagramas son para las dos manos del piano. Como ves deben ser tocadas simultáneamente porque ambos pentagramas están conectados por una línea vertical, además, los corchetes de la izquierda muestran que pertenecen a un solo instrumento.)

Pero sea cual sea el tipo de acompañamiento que compongas, lo más importante es que crees algo que te suene bien, y que capte la sensación o el mood general que quieres para tu canción. Puedes componer acompañamientos en cualquier estilo, usando cualquier instrumento o combinación de instrumentos, y a cualquier nivel desde súper simples a más detallados o complejos. Pero dicho esto –como he insinuado anteriormente– los acompañamientos sencillos que no roban demasiado protagonismo a la melodía vocal principal suelen funcionar realmente bien.

Así que aquí lo tienes –esta es tu invitación a jugar con cualquier instrumento o tecnología que tengas para componer, en cualquier estilo que te guste, para intentar dar con unos cuantos acompañamientos diferentes que podrían funcionar en el estribillo de tu canción.

Sí, así es –como de costumbre, merece la pena hacer una lluvia de ideas de diferentes acompañamientos para que puedas elegir la mejor opción para tu canción. Y a veces –igual que con la composición de la melodía– las buenas ideas de acompañamiento evolucionan o crecen a partir de un puñado de variaciones e ideas diferentes. A veces te das cuenta de que el acompañamiento perfecto es un híbrido o una mezcla de dos o más de las ideas que se te ocurrieron. Esa es otra razón por la cual merece la pena probar varias ideas antes de decidirse por una.

Ah, y también, si estás dibujando espacios en blanco o te sientes realmente noqueado con las ideas de acompañamiento, no hay nada malo en recurrir a las canciones que te gustan para inspirarte. Siempre estás con derecho a inspirarte en las canciones de otras personas que tienen un mensaje o una vibración parecidos a la canción que estás intentando crear. A veces esas canciones te darán un plano de cómo crear un sentimiento o sonido específico a través de la música –y siempre y cuando copies el efecto general y no el acompañamiento exacto nota por nota, es juego limpio.

Sea como sea, dedica algún tiempo ahora a hacer una lluvia de ideas sobre diferentes acompañamientos. Y una vez tengas varias opciones, elige la que creas que encaja mejor en tu canción. Entonces el siguiente paso será descubrir cómo repetirlo y desarrollarlo para completar todo el estribillo.

CREA UN ACOMPAÑAMIENTO PARA EL ESTRIBILLO

Piensa y anota diferentes ideas instrumentales de uno o dos compases que capten el mood o la emoción general de tu canción.

Empieza construyendo esta idea de acompañamiento a partir de las notas del primer acorde de la progresión de acordes de tu estribillo.

Si te sientes falto de ideas, inspírate en los acompañamientos ya existentes que más te gustan –sólo asegúrate de transformarlos suficientemente como para crear algo original.

CAJA DE HERRAMIENTAS

LAS NOTAS NO CORDALES

La forma más sencilla de hacer que un acompañamiento o melodía se adapten a un acorde es centrarlos en torno a las notas individuales de ese acorde. Y así, existen muchos acompañamientos y melodías que usan casi siempre esas notas cordales.

Pero también se pueden utilizar otras notas –**no cordales**– en los acompañamientos para hacerlos más interesantes. Como siempre, la manera definitiva de juzgar qué notas suenan bien o mal es escuchando lo que has compuesto, pero hay algunas técnicas comunes y efectivas para componer canciones con notas no cordales de las que hablaremos ahora.

Y para ello, aquí está de nuevo mi idea de acompañamiento final, con la excepción que esta vez he etiquetado todas las notas no cordales –todo lo que no es do, mi o sol– de una forma que puede parecer un poco rara al principio, pero que tendrá mucho sentido una vez que lo haya explicado todo:

Aunque las tres notas que he etiquetado parezcan similares a primera vista, funcionan de formas sutilmente diferentes.

◆ Notas de Paso

El primer tipo de nota no cordal, etiquetada como «P», es una **nota de paso**. Las notas de paso, como su nombre indica, pasan de una nota cordal a otra. Así, en este caso, la nota de paso es un fa que conecta el sol y el mi del acorde de do mayor. Las notas de paso pueden ser ascendentes (parte de una escala ascendente) o descendentes (parte de una escala descendente), y sonarán muy bien de ambas formas.

◆ Notas Inclinadas

El segundo tipo de nota no cordal, etiquetada como «L», es la **nota inclinada**. Las notas inclinadas son notas no cordales que suben o bajan a una nota cordal inmediatamente al lado –así, en este caso, una nota re no cordal que sube a la nota cordal mi.

Puedes pensar en las notas inclinadas como notas de paso donde la nota cordal anterior no está –de manera que «se inclinan» hacia la nota cordal que viene a continuación. Como las notas de paso, las notas inclinadas pueden subir o bajar para llegar a la nota cordal.

◆ Notas Auxiliares

El último tipo de nota no cordal, etiquetada como «A» en el ejemplo, se llama **nota auxiliar**. Puedes escribir notas auxiliares empezando con cualquier nota cordal, ascendiendo o descendiendo a la siguiente nota no cordal, para luego volver a la nota cordal por la que empezaste. Así que, en este caso, la nota fa es una nota auxiliar porque está justo en medio de dos mi cordales. Eso hace de las notas auxiliares algo así como un rápido «titubeo» que decora la nota cordal.

☞ AMPLIANDO EL ACOMPAÑAMIENTO DE TU ESTRIBILLO

Ahora que ya has elegido un acompañamiento para el estribillo de tu canción, esa es ahora mismo la mayor decisión creativa que has hecho en esta sección. Lo único que queda por hacer es sacarle todo el partido que prometí a ese acompañamiento ampliándolo hasta llenar todo el estribillo, sobre la progresión de acordes que ya has compuesto.

Como he dicho antes, lo bonito de componer buenos acompañamientos es que no necesitas componer una nueva música para cada compás de cada sección de la canción.

Y el truco para hacerlo está en la misma idea que hizo efectiva toda esa repetición en la melodía de tu estribillo –puedes repetir una idea musical en diferentes notas, o incluso alterarla ligeramente, pero mientras la idea musical del ritmo y la forma general se mantengan más o menos igual, seguirá sonando como la idea original.

Así que, para ver cómo funciona esta idea a la práctica, tomemos el acompañamiento de la balada que inventé antes:

(Por ahora, supongamos que es un acompañamiento de piano o teclado –pero fácilmente podrías componer algo parecido para guitarra o cualquier otro instrumento.)

A continuación, combinemos este acompañamiento con esta progresión de cuatro acordes que se me ocurrió antes:

Esto nos da cuatro compases así:

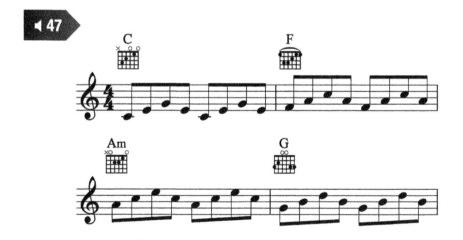

Tómate un momento para tocar o escuchar estos cuatro compases. Oirás enseguida lo que está pasando –el acompañamiento básico en el primer compás se repite una y otra vez, excepto cuando el acorde cambia, en que el acompañamiento se desplaza a las notas del nuevo acorde. Y en este caso, he tomado la fundamental, la tercera y la quinta de cada acorde en exactamente el mismo lugar cada vez –de manera que el patrón básico del acompañamiento es «fundamental–tercera–quinta–tercera» dos veces en cada compás.

Y aunque es un patrón muy simple, suena bastante bien.

Pero espera. Podemos hacerlo mejor.

Eso es porque cuando se refiere a ampliar el acompañamiento de una canción –o transformar cualquier idea melódica en una canción– en realidad no tienes que repetir la idea básica de tu acompañamiento exactamente igual cada vez. Es suficiente con la repetición de su esencia o forma.

Para ver lo que quiero decir, prueba a tocar o escuchar esta versión:

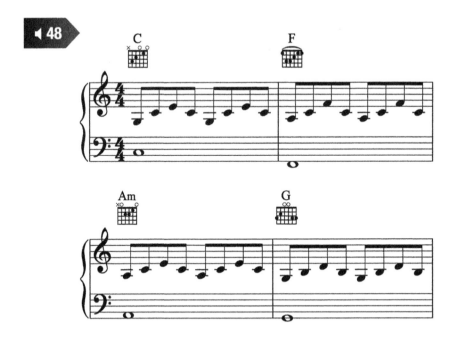

Probablemente estarás de acuerdo en que esta versión suena mejor, o al menos más coherente. Y hay dos razones principales para ello.

Primero, he reajustado el orden de las notas en algunos acordes del acompañamiento principal (ahora en la mano derecha del piano, lo del pentagrama superior). Las mismas notas cordales están ahí cada vez, sólo que a veces se juntan de maneras diferentes para evitar que la mano derecha salte demasiado de un lado para otro y para mantener las notas en un **registro** similar –la misma «área» de notas dentro de todas las notas posibles que un instrumento puede tocar. Esto suele hacer que el acompañamiento suene más regular en general.

Segundo, he engordado el acompañamiento añadiendo una sólida nota de bajo (la nota más baja) en la mano izquierda del piano, lo del pentagrama inferior. (Ésta podría ser también una nota de bajo en EAD, o en una guitarra de bajo real. Esto da a cada acorde una base un poco más sólida –como probablemente oirás. Pero eso también significa que incluso habiendo reorganizado el orden de la mayoría de las notas de los acordes de la parte para mano derecha (arriba), te aseguras de que la fundamental de cada acorde –en este caso las notas do, sol, la y fa– sigue siendo la nota más baja cada vez.

Esto es importante porque poner una nota diferente en el bajo crea un **acorde invertido** –un acorde con una nota debajo diferente a la fundamental– lo cual suena diferente a un **acorde en posición fundamental** donde la fundamental es la nota más baja. (Sin embargo, los acordes invertidos también pueden ser útiles donde se pretenda –normalmente como una forma de hacer la canción más interesante.)

En resumen, aunque las notas exactas utilizadas por el acompañamiento ampliado cambien compás a compás, el efecto general o la sensación del acompañamiento sigue siendo el mismo. El patrón básico del acompañamiento –su ritmo y su forma– sigue funcionando como un reloj, así que no importa que las notas involucradas estén espaciadas de forma ligeramente diferente en cada acorde.

Eso significa, resumiendo, que el acompañamiento ampliado hace esto:

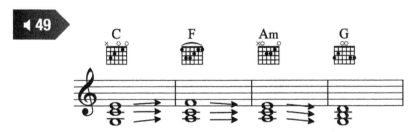

Verás que he añadido pequeñas flechas que muestran cómo las notas exactas que usa el acompañamiento cambian a medida que van pasando por los cuatro distintos acordes. Y lo mejor de este ejemplo es que cada vez que el acompañamiento pasa a un nuevo acorde, cada una de las tres notas se mantiene en la misma nota o pasa a una nota cercana.

A esto se le llama una buena **voz guía** –como si cada una de las tres notas del acorde fuese una «voz» individual en un coro a tres voces– y es la razón principal por la que la forma en que hemos expandido este acompañamiento a lo largo de cuatro compases no suena irregular y aleatoria. Suena unificada, suena contenida y –aunque lo diga yo mismo– suena bastante bien. Así que merece la pena tenerlo en cuenta siempre que amplíes tu acompañamiento para completar todos los compases de tu estribillo.

Y cuando se trata de componer acompañamientos en general –y especialmente acompañamientos que se extienden mucho por el rango de un instrumento o pista– tienes mucha libertad a la hora de «espaciar» o «expresar» esos acordes.

O, en otras palabras, si quieres componer un acompañamiento sobre un acorde de do mayor, puedes colocar el do, el mi y el sol de ese acorde prácticamente como quieras. Y siempre que las notas involucradas en un momento dado sean do, mi o sol, seguirá sonando como un acorde en do mayor. Como en todos estos ejemplos:

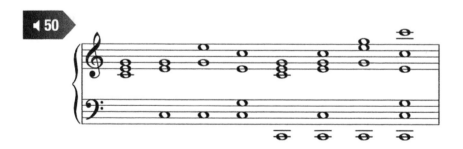

Repito, si eres nuevo en la lectura de **pentagramas**, el de arriba es para la mano derecha del piano –las notas más agudas– y el de abajo es para la mano izquierda del piano –las notas más graves. Y las notas que están alineadas verticalmente se tocan simultáneamente.

Cómo oirás, la forma en que las notas de los acordes están espaciadas –a veces más juntas, a veces más separadas, a veces con notas bastante agudas o graves, y a veces más en el centro del piano– da a cada acorde un efecto ligeramente distinto. Pero debido a que la nota más baja es do, se mantiene el acorde en posición fundamental y hace que el acorde tenga la misma función o efecto armónico.

Algunos de estos acordes incluso duplican una o más de las notas del acorde de do mayor –aunque como norma general, hay que duplicar la fundamental y/o la quinta del acorde, y no la tercera– pero siguen sonando todos como acordes de do mayor, porque las notas que contienen son siempre do, mi y sol.

Por supuesto, a menudo querrás mantener el espaciado de tu acompañamiento lo más cercano y simple posible. Pero también tienes la opción de estirarlo cuando suene bien, o suene bien en el mundo musical de tu canción.

Así que esta es la idea básica para planear el acompañamiento y completar tu estribillo. Y sinceramente, con muchos acompañamientos, este tipo de repetición simple – extendida a lo largo de todo el estribillo –funciona a la perfección.

Pero a veces –sobre todo a medida que adquieras más experiencia– querrás hacer algunos pequeños cambios en tu patrón básico de acompañamiento para que tu estribillo no esté formado por repeticiones exactas de la misma idea.

Al menos, es posible que quieras ajustar cosas al final de tu estribillo para que suene más acabado, como esto:

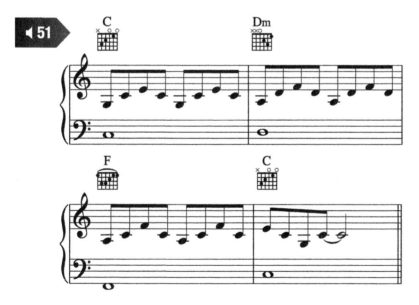

Esto funciona muy bien porque mientras el patrón regular de acordes de ocho notas (corcheas) hace un buen trabajo manteniendo el ímpetu del estribillo durante su totalidad, terminar en una corchea inesperada no le da a tu estribillo mucho sentido de conclusión. Así que tal vez quieras modificar eso un poco, como en el ejemplo de arriba.

Por otro lado, tal vez decidas modificar o desarrollar el acompañamiento básico de tu estribillo un poco más para mantenerlo interesante. Esto generalmente significa mantener el patrón básico de repetición, pero haciendo pequeños cambios para añadir un poco más de interés, quizás así:

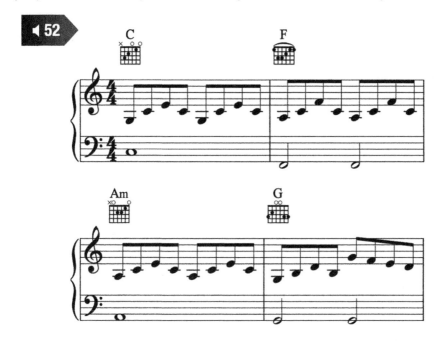

De nuevo, esto es totalmente opcional, pero como puedes apreciar, incluso alejándote del patrón básico de una manera realmente simple en el cuarto compás –y desordenando un poco las cosas en la parte del bajo, la mano izquierda del piano– se añade cierto interés extra y se evita que el acompañamiento sea demasiado repetitivo.

En realidad, solo hemos arañado la superficie de lo que es posible con la composición de acompañamientos. Así que, si llevas tiempo componiendo, quizá quieras ser mucho más ambicioso tanto en los acompañamientos que se te ocurran como en la forma de repetirlos y desarrollarlos para completar las secciones de tu canción. Y eso es genial. Pero igualmente, si eres nuevo en muchas de las ideas de esta sección, enfocarte en componer acompañamientos simples y repetirlos idénticamente, más o menos, para completar una sección entera, también es una estrategia genial.

Así que te toca a ti. Así es cómo funciona la extensión del acompañamiento de tu estribillo, así que ve y dedícale un rato a averiguar qué significa eso para ti y para tu canción.

Eso puede ser lento, a veces trabajo técnico –especialmente si todavía te estás calentando la cabeza en cómo funcionan los acordes, las progresiones de acordes y los acompañamientos. Así que sigue con ello, céntrate en repetir tu acompañamiento de forma que se mantenga en el mismo rollo o mood, y pronto lo tendrás claro.

AMPLÍA TU ACOMPAÑAMIENTO

Toma el acompañamiento que elegido y extiende su unidad básica de uno o dos compases sobre tu progresión de acordes –repite su ritmo y su forma sobre los distintos acordes.

Si necesitas reordenar las notas exactas de cada nuevo acorde, puedes hacerlo.

Después de eso, si quieres hacer algún cambio para mejorar la forma en que tu acompañamiento se repite, puedes hacerlo –pero intenta mantener el mood o rollo de tu acompañamiento original hasta el final.

Y ¡uf!, eso es todo –en esta parte, por lo menos. Pero date un pequeño aplauso, porque ya están escritos los tres elementos principales de la música de tu estribillo –acordes, melodía vocal y acompañamiento– y esta parte especialmente épica del proceso también hecha.

Y, además, nos adentramos bastante en un montón de técnicas esenciales de composición que serás capaz de utilizar en el resto de este proceso y en todo lo que compongas en un futuro –eso también es algo importante.

Antes de continuar, hay un valioso hábito en el que vale la pena adquirir al final de ésta y de todas las partes sucesivas: dedica un momento a grabar o anotar todo lo que has compuesto, todo junto en un solo lugar, antes de seguir.

En un EAD, eso va a significar crear un archivo de proyecto que tenga tu acompañamiento y melodía vocal en diferentes pistas. (Una pista de demo o maqueta en la que aparezcas cantando o simplemente una parte instrumental que reproduzca tu melodía vocal funciona muy bien.) Si estás componiendo con piano o guitarra y tienes la capacidad, es una buena idea escribir la música que has creado –ya sea utilizando notación musical normal o alguna otra abreviatura que vaya a recordarte lo que has compuesto. (Veremos varias formas distintas de hacerlo en la Parte 7.) O incluso, podrías simplemente registrar todo lo que has compuesto en una sola grabación de voz, si te parece mejor.

De nuevo, no importa si no cantas bien, o si lo que anotas es tosco. Lo importante es que tengas en un sitio una versión de todo lo que has creado hasta ahora para no olvidarlo.

Una vez lo hayas hecho, definitivamente tienes derecho a un respiro. Entonces, cuando estés listo para continuar, en la Parte 5 empezaremos a trabajar en las estrofas de tu canción.

PARTE 5

COMPÓN LOS ACORDES Y EL ACOMPAÑAMIENTO DE **LAS ESTROFAS**

En esta parte... *Cómo componer la música –acordes y acompañamiento– de las estrofas de tu canción*

OK. Ahí tienes tu estribillo terminado, lo cual significa que un buen porcentaje de tu canción –así como la piedra angular de sus secciones– está hecho. Así que buen trabajo.

Y después de una Parte 4 especialmente épica, volvemos a partes más sencillas y cortas –y la buena noticia es que en esta parte utilizarás muchas de las ideas y técnicas que ya recogiste cuando empezamos a escribir las estrofas de tu canción.

Pero antes de hacerlo, pongamos rápidamente las cosas en perspectiva, y veamos cómo va la estructura de tu canción hasta ahora.

Como dije en la introducción, este proceso se centra en construir una estructura estrofa–estribillo «estándar» o arquetípica. Las dos principales secciones de esta estructura son las estrofas y los estribillos, que van a funcionar en parejas –el estribillo como la gran sección recurrente de tu canción, y las estrofas para preparar y llevar hacia los estribillos. A continuación, tras dos «ciclos» estrofa–estribillo, pasaremos a un puente para romper ese patrón regular antes de volver a casa con un estribillo final.

Eso significa que el cuerpo principal de tu canción estará estructurado así:

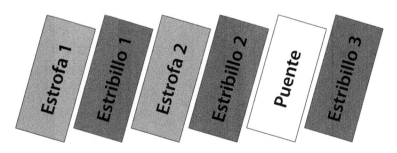

(Y de nuevo, hay un resumen más detallado de la estructura de tu canción en el Apéndice 3 al final del libro –incluyendo un rápido apunte de la longitud que sugiero que tenga cada sección– por si quieres mirarlo en cualquier momento a lo largo de este proceso.)

Ya nos pondremos a pensar en el puente de tu canción más tarde –así como en añadir una intro y una *outro* para enmarcar el cuerpo principal de tu canción. Pero primero vamos a centrarnos en componer sus estrofas, empezando por los acordes y el acompañamiento.

Y sí, empezar con la música de tus estrofas significa que vamos a crearlas en un orden diferente al que compusiste tu estribillo. Una de las razones es simplemente para variar un poco. Pero otra es que –como probablemente ya sabes– tus estrofas tendrán la misma música pero una letra nueva cada vez, por lo que tiene sentido descubrir primero la parte que todas tus estrofas tendrán en común.

Así que entremos en acción.

☞ COMPÓN LOS ACORDES DE LA ESTROFA

Primero, nos centraremos en componer la progresión de acordes de tu estrofa. Podrías empezar por cualquier otra parte, pero igual que con el estribillo en la Parte 4, empezar con la progresión de acordes ayuda a darte un contorno para la sección entera, compás a compás, de manera que más tarde puedes añadir todo lo demás.

Para principiantes, recomiendo componer estrofas de 16 compases y 8 versos. Como regla general, la mayoría de las canciones tienen estrofas y estribillos de la misma longitud, más o menos. Y aunque hay excepciones, generalmente es raro encontrar canciones que tienen estrofas mucho más largas o cortas que sus estribillos. Así que, por muchos compases y versos que hayas dado a tu estribillo, es bueno aplicar exactamente lo mismo a tus estrofas, si puedes.

Y a partir de ahí, crear la progresión de acordes de la estrofa de tu canción es casi exactamente el mismo proceso que usamos para crear la progresión de acordes de tu estribillo en la Parte 4.

Antes de empezar, quizá te preguntes si necesitas una progresión de acordes nueva para tus estrofas. ¿No hay canciones que repiten la misma progresión de acordes todo el tiempo? Y la respuesta es que sí, algunas lo hacen –especialmente canciones compuestas en la última década.

Y claro, lo entiendo. Youtube y Tiktok se han asegurado de que nadie tenga ya capacidad de atención, así que tal vez no importe.

Pero en serio –y tanto si internet ha destruido nuestra habilidad de concentrarnos como si no– algunas canciones funcionan muy bien con la misma progresión de acordes de arriba a abajo. A veces es sólo una elección estilística –lo que hacen la mayoría de las canciones de un determinado género– y a veces, si la letra, las melodías y los acompañamientos de una canción son lo suficientemente interesantes y variadas, está bien mantener la progresión de acordes muy sencilla.

Lo dicho, a menos que realmente te opongas, voy a recomendarte que crees una nueva progresión de acordes para tus estrofas –o al menos algo parecido a las progresiones de tu estribillo, pero lo suficientemente distintas como para ser algo propio.

Porque –al menos para mí– la progresión de acordes que acompaña a cada sección es una manera importante de distinguir cada sección de las demás, para mantener la estructura clara y la canción interesante. En mi opinión, dar a cada sección una progresión de acordes que sea al menos ligeramente diferente de las demás casi siempre merece la pena.

Para hacerlo, necesitas volver a sacar la paleta de acordes principales de tu canción. Hay canciones que cambian de tonalidad –o se **modulan**– entre las estrofas y los estribillos, pero como es mucho más habitual mantener la canción en la misma tonalidad en todo momento, vamos a suponer que vamos a seguir básicamente con la misma paleta de acordes. (Aunque si usaste mi sistema de niveles de la Parte 4 para ayudarte a averiguar tu paleta de acordes principal, podrías utilizar una paleta de nivel superior o inferior si esta vez te apetece un reto diferente.)

Aparte de eso, es hora de volver a ensuciarse las manos y empezar a usar esos acordes para crear una progresión que suene bien.

Para hacerlo, hay varias tácticas específicas que puedes utilizar:

- Si realmente te gusta la progresión de acordes de tu estribillo, podrías probar a usarla con uno o dos pequeños cambios en tu estrofa. Así, por ejemplo, la progresión de acordes do–fa–la m–sol que se me ocurrió antes podría convertirse en la m–fa–la m–sol, o do–mi m–la m–sol, o incluso do–la m–fa–sol.
- Pero compongas lo que compongas, es una buena idea volver a basar tu estrofa en una simple progresión repetitiva de cuatro acordes. Y

como hablamos en la Parte 4, podrías construir otro formato «1+1+2» y cambiar la progresión de acordes en los cuatro compases finales.

■ Al componer una nueva progresión, por lo general quieres que tus estribillos suenen más atrevidos y emocionantes, así que a veces proponer una progresión más simple o atenuada en tus estrofas puede dar a tu canción un contraste realmente eficaz.

■ El acorde V, el dominante, es a menudo una gran elección para el último acorde del estribillo, porque es un acorde de «entrada» o «anticipación» efectivo. Esto es especialmente cierto si el primer acorde de tu estribillo es el acorde I (o acorde i en tonalidad menor), pero suele funcionar incluso si tu estribillo comienza en algún otro acorde.

Aparte de eso –y hablaremos de ello con más detalle cuando a continuación hablemos del acompañamiento de la estrofa– intenta idear una progresión que parezca ser del mismo universo musical que la progresión del estribillo.

Por muy importante que sea crear algún contraste entre las estrofas y los estribillos –para que suenen a diferentes secciones– una idea de la que seguiremos hablando es que no necesitas hacerlos tan diferentes que suenen como que provienen de diferentes canciones. Sinceramente, utilizar la misma paleta de acordes o una similar en ambas secciones suele hacer que eso ocurra automáticamente. Pero de todos modos merece la pena pensar en ello.

Una vez hecho esto, prueba con diferentes progresiones de acordes en las estrofas y para ver las que más te gustan.

COMPÓN LOS ACORDES DE LAS ESTROFAS

Piensa en una progresión de acordes para las estrofas. Puedes mantener la misma progresión de acordes que en el estribillo, pero es bueno variar un poco, aunque sea.

Mantén la misma paleta de acordes (o una similar) que el estribillo de tu canción para asegurarte de que ambas progresiones de acordes suenan como si fueran del mismo mundo musical.

Piensa en terminar tu estrofa con un acorde como el acorde V (dominante), para ayudar a crear expectación para el estribillo que viene después.

👉 COMPÓN EL ACOMPAÑAMIENTO DE TU ESTROFA

Ahora es el momento de insuflar algo de vida a tus estrofas con su propio acompañamiento. Y todo lo que hablamos en la Parte 4 sobre acompañamientos sirve aquí también.

Así que repito, el objetivo es encontrar una idea instrumental de 1 ó 2 compases para situar debajo de la melodía vocal de tu estrofa. Al igual que antes, el acompañamiento de tus estrofas no tiene por qué ser súper complejo o complicado –sólo tiene que encajar bien con el mensaje o vibración general de tu canción.

Al igual que con la progresión de acordes de la estrofa, quieres que su acompañamiento sea diferente del acompañamiento del estribillo, pero que ambos suenen como si procedieran del mismo mundo musical.

Ya sé que, al tratarse de secciones diferentes, podría pensarse que es mejor cautivarnos con algo que suene completamente distinto. Pero la mayoría de las veces, lo más importante es que la canción se perciba como una sola cosa –que todo lo que contiene pertenezca a ese lugar– así que, sobre todo en los acompañamientos, hay que asegurarse de que todo suene como si encajara.

Una buena forma de hacerlo es tomar una característica del acompañamiento de tu estribillo –tal vez un ritmo, una forma melódica específica, o simplemente la vibración general– y componer una nueva idea de acompañamiento que lo utilice de alguna manera:

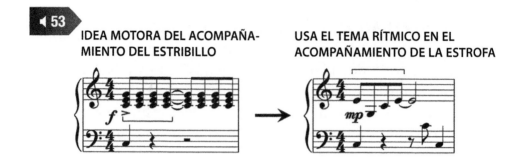

IDEA MOTORA DEL ACOMPAÑA-
MIENTO DEL ESTRIBILLO

USA EL TEMA RÍTMICO EN EL
ACOMPAÑAMIENTO DE LA ESTROFA

CONSTANTE / IDEA DE
ACOMPAÑAMIENTO DEL ESTRIBILLO

MANTIENE UNA VIBRACIÓN SIMILAR
EN EL ACOMPAÑAMIENTO DE LA ESTROFA

(De nuevo, construí estos acompañamientos sobre las notas de un acorde de do mayor y los compuse para piano, pero tú podrías construirlos sobre cualquier acorde o componer algo similar para guitarra o cualquier otro instrumento.)

Ésta no es la única manera de abordar la composición de acompañamientos de estrofas –y siempre y cuando se te ocurra un acompañamiento de estrofa que suene en general del mismo mundo que el acompañamiento del estribillo que ya has compuesto, todo bien.

Además, una cosa adicional a tener en cuenta es que los acompañamientos de estrofas tienden a ser más simples o menos llamativos que los acompañamientos de estribillos –como en los dos ejemplos que te acabo de dar. Hablaremos de ello con más detalle en la Parte 7, donde veremos cómo hacer que las estrofas se conviertan en estribillos. Pero por ahora lo que te ayudará es mantener el acompañamiento de la estrofa bastante minimalista, al menos al principio, de forma que puedas hacer que crezca a medida que avanza.

Si quieres ver cómo funciona en la práctica, lo mejor que puedes hacer es ir a escuchar un par de tus canciones favoritas. Te darás cuenta de lo simples que son los acompañamientos de las estrofas al principio –a veces acordes simples, suaves, o tal vez una simple idea rítmica de guitarra, o algunos acordes suspendidos y chasquidos de dedos fuera de compás. Se guardan algo, o retienen algo, así la canción tiene adónde ir.

Al igual que antes, merece la pena probar varias ideas diferentes de acompañamiento para elegir la que mejor funcione. Y también igual que antes, a veces podrás tomar las mejores partes de unas cuantas ideas de acompañamiento diferentes y combinarlas en un acompañamiento de estrofa que realmente te guste –así que tómate tu tiempo y sigue explorando.

Y luego, como ya serás un profesional en esto, una vez que te hayas decidido por un acompañamiento de estrofa puedes pasar directamente a expandirlo sobre la progresión de acordes que acabas de componer. (Vuelve a la Parte 4 si quieres algún recordatorio de cómo funciona.) Y así de fácil, esa será la parte instrumental completa de tu estrofa.

COMPÓN EL ACOMPAÑAMIENTO DE ESTROFA

Crea un nuevo acompañamiento de uno o dos compases para las estrofas de tu canción. Es una buena idea componer algo nuevo, pero algo que suene como que pertenece al mismo universo musical que el acompañamiento de tu estribillo.

La mayoría de las estrofas crecen en intensidad y energía a medida que se acercan al estribillo, así que empieza el acompañamiento de tu estrofa con algo pequeño y sutil –dale espacio para crecer.

Tal y como hiciste en el estribillo, amplía o repite la idea del acompañamiento sobre la progresión de acordes de la estrofa.

PARTE 6

CREA UN PLAN MAESTRO DE ESTROFAS Y ESCRIBE LA LETRA DE LA PRIMERA ESTROFA

En esta parte… Cómo escribir la letra
de tu primera estrofa –y planificar
tus estrofas para facilitar su escritura

A continuación, dejaremos la música de tus estrofas a un lado –las terminaremos en la siguiente parte añadiéndoles una melodía vocal– y empezaremos a pensar en su letra.

Como dije en la Parte 5, todas las estrofas de una canción suelen tener los mismos acordes, melodía vocal y acompañamientos –quizá con pequeñas variaciones– pero cada vez tienen una nueva letra. Y es que, mientras el estribillo tiene que ser algo familiar que se repita una y otra vez, las estrofas ayudan a explicar mejor la situación de la canción y a hacer avanzar su concepto o historia.

En esta parte veremos algunas poderosas técnicas y estrategias para escribir letras de estrofas, pero –como hemos hecho muchas veces en este proceso– antes de escribir ni una sola palabra, hay que hacer primero un importante trabajo preparatorio.

☞ CREA UN PLAN MAESTRO DE ESTROFAS

Si ya llevas un tiempo escribiendo canciones, puede que hayas escuchado algo llamado «la maldición de la segunda estrofa».

Y si no lo has escuchado, sí, se nota que es algo que se les ocurrió a los compositores porque trata de lo difícil que es componer canciones. Y no, no se trata del extraño lanzamiento de la película basada en *Dando la Nota* y *La Momia*, sino de cuando los compositores escriben una letra genial en la primera estrofa, pero luego no tienen ni idea de cómo continuarla en la segunda. Y es bastante común.

Pero hay buenas noticias. No, no están haciendo un mix de *La Momia* con *Dando la Nota*. Y no, no tienes porqué sufrir la maldición de la segunda estrofa –porque hay una forma muy sencilla de evitarla por completo. Todo lo que se necesita es un poco de planificación previa.

La forma en que te recomiendo que lo hagas es con lo que yo llamo un **plan maestro de estrofas** –un gran plan para dar a cada una de tus estrofas un enfoque o tema específico.

En la Parte 3, hablamos de cómo la letra del estribillo suele limitarse a repetir el mensaje o idea principal de la canción una y otra vez de diferentes maneras. Bien, la letra de tu estrofa no hará eso, pero aun así querrás que hablen de algo relacionado con la gran idea de tu canción –para ambientarla, añadir información de fondo sobre su situación, y llevarnos hacia su mensaje principal en el estribillo.

Una vez más, se trata del principio según el cual cada verso de la letra de tu canción debe relacionarse de algún modo con su gran idea. Y es otra una forma de facilitar las cosas al público, ofreciéndole una letra clara y centrada. Y te facilita las cosas al darte una manera de hacer que todas las diferentes partes de tu canción procedan de su idea central o mensaje.

Eso significa que el truco para escribir un buen plan maestro de estrofas para tu canción es idear un par de perspectivas o subtemas diferentes en torno a los que puedas centrar cada estrofa. Y al hacerlo, necesitas que cada perspectiva o subtema sea lo suficientemente diferente para hacer distintiva cada estrofa, pero aún ligada de algún modo a la idea principal de tu canción. (Porque, como de costumbre, quieres que todo en tu canción provenga de su gran idea central.)

Es casi la misma idea que en la redacción de ensayos. Si quisieras escribir un ensayo para argumentar que, digamos, cada fin de semana debería empezar en jueves, en cada párrafo o sección te centrarías en una razón que apoye tu idea. En una sección explicarías cómo un fin de semana de tres días ayuda a las industrias del ocio y el entretenimiento. En la siguiente sección deberías mencionar los beneficios para la salud mental de todo el mundo. Luego en una tercera sección podrías hablar sobre los estudios que han descubierto que una semana laboral más corta también hace que seamos más productivos. Así todas las secciones explorarían, apoyarían o ampliarían el mensaje general del ensayo o tesis.

Obviamente, una canción no es un ensayo. Pero el mismo principio se aplica en la composición de canciones –la clave de escribir buenas estrofas es darles temas ligeramente diferentes, pero asegurándote de que esos temas están relacionados con el mensaje principal de tu canción.

Por eso, crear un plan maestro de estrofas es una estrategia tan poderosa. Te da la seguridad de no darlo todo en tu primera estrofa. Y lo más importante, te da un objetivo definido por el que trabajar cuando escribes la letra de todas las estrofas.

Eso significa que un plan maestro puede ser tan sencillo como tener un enfoque temático diferente para cada estrofa. Así, en una canción motivacional titulada «¡Levanta ese ánimo!», podrías centrar la primera estrofa en una historia positiva concreta. Luego la segunda estrofa podría añadir otra historia positiva. O en una canción que dice «te quiero», la primera estrofa podría centrarse en tus primeras impresiones cuando conociste a la persona de la que habla la canción, luego en la segunda podría centrarse en algo más íntimo o importante que hayas notado más recientemente sobre ella.

Y así es básicamente cómo funciona –intentando hacer una lluvia de ideas sobre un puñado de temas o subtemas específicos relacionados con la gran idea de tu canción para centrar cada una de tus estrofas en torno a ellos.

Y la parte «específica» es realmente importante, por cierto. Como hablaremos más adelante, los detalles y particularidades son lo que dan vida a la letra –«viejos zapatos polvorientos» es mucho más interesante y son de más fácil escribir que simplemente «unos zapatos». Y «la noche que nos conocimos» es un subtema de estrofa mucho más fuerte que «todas las noches que pasamos juntos».

Así que, piensa en lo que podría funcionar para la idea de tu canción. ¿Qué subtemas sientes que son importantes o vale la pena explorar? ¿Qué trasfondo de ideas te ayudaría a explorar o a expandir el mensaje principal de tu canción?

A ver adónde te llevan estas preguntas. Inventa algunos antecedentes o detalles relacionados con la idea de tu canción si es necesario. Pero si necesitas algún consejo, aquí tienes algunas formas probadas de diferenciar la primera y la segunda estrofa de forma realmente clara:

- Escribe una primera estrofa sobre un acontecimiento o un periodo de tiempo específicos, luego una segunda estrofa sobre un acontecimiento o periodo de tiempo posteriores.
- Escribe una primera estrofa enfocada en «ti», luego una segunda estrofa enfocada en «mí». (O viceversa.)
- Escribe una primera estrofa sobre algo que pasó en un lugar en concreto, luego una segunda estrofa ambientada en un lugar distinto.
- Escribe una primera estrofa sobre quién es alguien en la superficie, o en una primera impresión, luego una segunda estrofa que profundice en quién es o qué siente en su interior.
- Si tu canción es un dueto, escribe la primera estrofa desde la perspectiva de uno de los cantantes, luego una segunda estrofa desde la perspectiva del otro cantante. (Ésta es una clásica táctica para los duetos.)

Una vez más, éstas son sólo cinco excelentes maneras de crear un buen plan maestro de estrofas. No son las únicas maneras, y quizá se te ocurran otras que se adapten a la canción que estás escribiendo. Pero en caso de duda, estas cinco son potentes formatos de plan maestro de estrofas a los cuales puedes recurrir en cualquier momento que los necesites.

Además, lo bueno de muchos de los ejemplos que te he dado es que las segundas estrofas van más allá de las primeras –profundizan o cuentan la siguiente parte de la historia de la canción. Dan la sensación de que la segunda estrofa avanza –no sólo de lado– con respecto a la primera. Eso funciona bien porque, aunque quieras que tu canción gire en torno a una sola idea, siempre es bueno hacer que tu público sienta que estás explorando esa idea más profundamente a medida que avanza la canción.

Pero decidas lo que decidas para tu canción, dedica tiempo a elaborar tu propio plan maestro de estrofas. Y aunque los planes maestros sirven para canciones con cualquier número de estrofas, por ahora obviamente querrás encontrar dos subtemas fuertes, diferentes pero relacionados, en los que puedas centrar tus estrofas.

Después anótalo en algún sitio –y así podrás usarlo para escribir la letra de la primera estrofa de tu canción.

CREA UN PLAN MAESTRO DE ESTROFAS

Trata de idear un tema o subtema específico para cada una de las dos estrofas, ambos relacionados de algún modo con la gran idea de tu canción.

Puede ayudar plantear temas o subtemas que den la sensación de progresar –pero, como mínimo, asegúrate de proponer ideas relacionadas pero diferentes.

☞ ESCRIBE LA LETRA DE LA PRIMERA ESTROFA

Este es el primer paso para crear la letra de dos estrofas que sean lo suficientemente diferentes como para resultar interesantes y mantener el ritmo de tu canción. Ahora es el momento de dar ese primer paso y convertirlo en la letra completa de la primera estrofa.

Prácticamente todo lo que hemos hablado sobre escribir la letra de tu estribillo también sirve aquí, solo que ahora no tienes todas esas repeticiones de tu gancho lírico en torno a las cuales estructurar tu letra. Así que en esta parte vamos a profundizar un poco más en cómo idear letras que rimen, que tengan sentido y que digan lo que quieres decir.

Como es habitual, no hay un truco rápido o fórmula para evitar la elaboración de tu letra por ensayo y error, verso a verso. Pero también como siempre, un poco de preparación es la clave para que esta magia creativa de ensayo y error sea lo más fácil posible. Las letras raramente empiezan a fluir hasta que has hecho el suficiente trabajo preparatorio para ganártelo –y en este caso significa generar montones de ideas potenciales que podrías usar en tu letra antes de que realmente te pongas manos a la obra.

Así que empezaremos por ahí.

Generando ideas de letra: Escritura libre

Uno de los grandes retos de escribir buenas letras es descubrir exactamente qué estás intentando decir. Y eso te puede sonar extraño –y tal vez pienses que siempre sabes lo que estás intentando decir.

Pero si alguna vez te sentaste a escribir sobre una idea –incluso sobre una de la que sabes mucho– pero te pasaste la mayor parte del tiempo mirando a la pared y con la mente en blanco, sabrás de lo que estoy hablando.

Eso es porque la mitad del tiempo, los escritores escriben para *descubrir* lo que tienen que decir, no sólo para decirlo. A veces la creatividad es más descubrimiento que invención, como si probaras a destapar todas esas ideas geniales que ya están ahí, simplemente esperando a ser encontradas, adónde sea que vayas a buscarlas.

Así que un muy buen primer paso para escribir una letra de estrofa es intentar descifrar qué podría decir la letra. Vas a olvidar incluso por un momento que estás escribiendo una letra –y no te preocupes por la rima, la estructura, los patrones silábicos y los acentos, o nada por el estilo– y simplemente escribe.

Ésta es una técnica común llamada **escritura libre** –la cual, como es de esperar, va de escribir libremente, sin parar, sin censurarte o corregirte a ti mismo, para ayudarte a encontrar lo que tienes que decir sobre una idea o tema en concreto.

Y claro, si tienes un plan maestro de estrofas sólido y te sientes con confianza para sumergirte en la escritura propiamente dicha, puedes saltarte este paso.

Pero si los escritores a menudo escriben para descubrir lo que tienen que decir, y no solo para decirlo, la escritura libre es realmente una fabulosa manera de descubrir cosas que podrías decir sobre algún tema, que probablemente no las habrías pensado de otro modo. Esa es la razón por la que la escritura libre es otra técnica realmente poderosa para tener a mano siempre que la necesites –incluso si llevas años escribiendo.

Aquí va cómo funciona:

Primero, vuelve a tu plan maestro de estrofas, toma tu enfoque para la primera estrofa y ponlo en algún lugar importante. Escríbelo en letras grandes delante de ti. Tatúatelo en el brazo. Conviértelo en un plátano de ganchillo. Lo que sea.

Segundo, intenta ponerte en la piel de la persona que canta la canción –tanto si eres tú, otra persona en concreto, un grupo o artista, un narrador, o quién sea.

Luego, a continuación, pon un temporizador por unos 10 o 15 minutos –puede ser más tiempo o menos, pero 10 minutos es un buen objetivo para los escritores más experimentados, y 15 si quieres darte un poco más de tiempo. Ponlo en marcha y empieza a escribir desde la perspectiva de tu cantante sobre el principal tema o mensaje de la canción, sin parar, sin corregir, en prosa libre, hasta que termine el tiempo.

No te preocupes si tus ideas parecen arbitrarias o inconexas. No te preocupes si terminas cortando a mitad de un párrafo o incluso a mitad de una frase. (Eso es lo que ocurre cuando escribes libremente sin corregir o censurarte a ti mismo.) Simplemente intenta conectar con la verdad de la persona que hay dentro de tu canción, a través del enfoque específico que se te ocurrió en tu plan maestro de estrofas. ¿Qué tiene que decir tu cantante? ¿Cuál es su mensaje? ¿Qué quiere que todo el mundo sepa?

Después de 10 o 15 minutos, probablemente obtendrás algo parecido a esto:

IDEA DEL PLAN MAESTRO: PRIMERA CITA, ESTAR NERVIOSA

Así que bueno, entré en el restaurante y estaba tan nerviosa. Hacía tiempo que no tenía una primera cita y por tu perfil parecías una persona muy interesante. Así que pensaba «¿qué pensará de mí?» ¿Iba bien vestida? ¿Mi pintalabios era un desastre?
Pero luego él, tú entraste y me sentí mucho mejor. Tenías esa cálida sonrisa que me tranquiliza. Llegabas unos minutos tarde. Primero entré en pánico porque tal vez me estabas dejando plantada, pero dijiste que había sido el tráfico y sinceramente la autopista siempre está fatal a esta hora de la noche.
...

Mi versión es probablemente un poco más corta que la que se te ocurrirá a ti con 10 o 15 minutos, pero ya te haces una idea. Y como verás en mi ejemplo, parte de lo que salga no será tan bueno. Eso es lo que pasa cuando dejas que tu mente divague sobre un tema sin pensarlo realmente.

Pero lo bonito de dejar que tu mente escriba libremente es que parte de lo que se te ocurra será oro. Quizá sea oro en bruto, sin pulir –pero oro, al fin y al cabo.

Se te ocurrirán montones de ideas concretas que podrás plasmar en una letra acabada –ideas concretas que se ajusten especialmente a la situación o la idea de tu canción. En mi ejemplo, puedes ver que ya he empezado a dar con algunos detalles útiles sobre por qué la cantante estaba nerviosa por su primera cita, qué le pasaba por la cabeza mientras esperaba, y cómo su cita la tranquilizó. Y esos son exactamente el tipo de detalles que necesitas en el siguiente paso.

Y, por cierto, una de las razones por las que la escritura libre es tan poderosa –incluso para escritores con experiencia– es que es una forma de dar con grandes ideas que ni siquiera sabías que tenías dentro. (De nuevo, porque la creatividad es descubrimiento, ¿cierto?) Le da a tu cerebro creativo la oportunidad de hacer lo suyo en una situación de cero presiones, para que después puedas dejar que el lado más analítico y astuto de tu cerebro dé forma a las ideas que se te ocurrieron en algo más pulido. Precisamente por eso, en caso de duda, la escritura libre es un muy buen primer paso para empezar a trabajar en una nueva letra.

Generando ideas: La lluvia de ideas *(brainstorming)*

Ahora que ya tienes material en bruto o ideas básicas para la letra de tu primera estrofa es el momento de empezar a refinar y pulir un poco esas ideas. Porque, de nuevo, eso te pondrá en una posición realmente fuerte cuando llegue la hora de escribir la letra de tu primera estrofa.

Entonces, en esta nueva fase se trata de hacer una lluvia de ideas. La presión sigue siendo con baja, pero a diferencia de la escritura libre, tiene una estructura más específica.

En cada lluvia de ideas intentas recopilar un montón de palabras concretas y frases enteras que amplíen el enfoque o tema de tu estrofa y que se sientan como en casa en esta letra en particular. Podrás recoger muchas de estas ideas directamente de la escritura libre que acabas de hacer, pero también puede que se te ocurran otras independientemente.

En realidad, depende de ti cómo organices la lluvia de ideas para tu letra, pero hay cuatro tipos específicos de ideas en los que recomiendo que te centres:

- **Palabras o frases interesantes** – Para explorar la idea de la estrofa 1, necesitas usar palabras, ideas e imágenes específicas relacionadas con esa idea. Así que, si en tu idea del plan maestro era «primera cita nerviosa» entonces palabras y frases como «pánico», «más tranquila», «muy nerviosa» y «gran sonrisa cálida» son perfectas para empezar. Si te sirve de ayuda, pon en marcha los cinco sentidos para tener aún más ideas –no pienses sólo en cosas que se ven o se oyen, sino también los olores, la temperatura, el sabor, cualquier cosa por el estilo.
- **Rimas interesantes** – Como necesitas incluir algunas rimas en la letra de tu estrofa, es una buena idea empezar ya a hacer una lluvia

de ideas con rimas. Evidentemente, cuánto más relacionadas estén con el tema o enfoque de tu primera estrofa, mejor –«manopla» y «Constantinopla» son dos rimas divertidas, pero probablemente no tengan nada que ver con la idea principal de tu canción. Una de las mejores maneras de hacerlo es tomar una de las palabras o frases que se te acaban de ocurrir y ver a qué rimas conducen –así *«date»* puede conducir a *«wait»* o *«late»*, y *«big warm smile»* puede conducirte a *«for a while»* y *«dial»* y *«mile»*[5]. (Sí, rimar frases está igual de bien que rimar palabras individuales. Y lo bueno de los ejemplos que acabo de darte es que no son rimas cualquiera –también encajan en el mundo y el tema central de esta estrofa.)

- **Potenciales versos de apertura** – Es una buena idea abrir cada estrofa (y la primera especialmente) con un verso fuerte o dramático que llame la atención. Así que, es una buena idea hacer un *brainstorming* para sacar ahora algunas opciones prometedoras –versos que preparan la escena de la canción o que dejan su tema súper claro, o que simplemente suenan interesantes, emotivos o intrigantes. Podrían ser como *«I'd be lying if I said I was calm»* o *«I'd been nervous all day»* (*«Estaría mintiendo si dijera que estaba tranquila»* o *«Estuve nerviosa todo el día»*).

- **Potenciales versos finales** – Igual que el verso de apertura de una estrofa es importante, el verso final es clave para «pivotar» la estrofa hacia el estribillo que viene inmediatamente a continuación. Esto es una técnica un poco más avanzada, pero una gran estrategia para escribir letras consiste en fijarse un verso o idea específica para el final. Y puesto que ya conoces el primer verso de la letra del estribillo, eso podría ayudarte a idear algo que parezca que te lleva hacia ese verso. A veces se te ocurre algo genérico –«Solo quiero que sepas… – o algo más específico para la situación –«Entraste y todo cambió…». Por lo general, los buenos versos finales de las estrofas dan la sensación de apuntar hacia algún sitio nuevo –debe parecer que terminan con una coma o dos puntos que apuntan directamente al primer verso del estribillo.

---

5. Palabras en cursiva en inglés para mantener las rimas del texto original. (Nota trad.)

Como dije, depende totalmente de ti la forma en que organices todas estas ideas. Algunas personas llenan una o veinte páginas en blanco con diferentes ideas que se les van ocurriendo. Algunas personas prefieren una página distinta para cada categoría de idea. A algunas personas les gusta escribir las ideas en el borde de un trozo de papel gigante para luego escribir la letra final en el centro. Algunas personas escriben sus ideas en un documento o una nota en el teléfono o el ordenador –o tal vez te parezcas a mí, que suelo trabajar de forma mucho más creativa cuando lo hago a la antigua usanza, con lápiz y papel y no en una pantalla.

Así que dejo que hagas una lluvia de ideas sobre tu estrofa de la manera que te parezca mejor –pero si quieres una plantilla en blanco para copiar y rellenar, hay una en la siguiente página.

A diferencia de la escritura libre, en esta parte del proceso no hay límite de tiempo. Tu único trabajo emplear todo el tiempo que necesites para que se te ocurran más ideas de las que puedas utilizar en tu letra –tal vez algo como treinta frases interesantes, veinte pares de buenas rimas, y al menos tres o cuatro potenciales versos de apertura y de cierre. Como siempre, intenta darte un montón de opciones para poder elegir las mejores más adelante.

Puedes proponer estas ideas en el orden y la forma que quieras. Un truco que suelo utilizar para equilibrar la búsqueda de palabras y frases interesantes con la búsqueda de rimas interesantes es dejar que mi mente divague entre ambas categorías, yendo de la una a la otra. Así que podría empezar con palabras relacionadas como «zapatos», «pelo» y «vestido rojo», lo que me lleva a una madriguera de rimas en miniatura como «dress», «mess», «less» y «stress», que me lleva a palabras como «ansioso», «nervioso», «tenso», «latido», etcétera. Ya te haces a una idea.

De nuevo, puedes utilizar un diccionario de rimas o sitios web como rhymezone.com para ayudarte a encontrar rimas, si quieres –especialmente cuando se te ha ocurrido una palabra o frase genial pero no sabes con qué rimarla. Pero, como dije antes, necesitas asegurarte de filtrar sólo las palabras que riman y dicen algo relacionado con el tema o el enfoque de tu primera estrofa. (Además, siempre es una buena idea estirar los músculos de la rima inventando rimas por tu cuenta de vez en cuando).

LLUVIA DE IDEAS PARA LA LETRA
ESTROFA 1 / Tema o enfoque de la estrofa: _____

Versos de apertura

Rimas interesantes

Palabras/frases interesantes

Versos de cierre/
versos de pivote

Y eso es prácticamente todo –el último paso para generar algunas ideas de letra antes de empezar a convertirlas en una letra acabada.

Y si viniste aquí por la imagen de estrella del rock que algunas personas tienen de la composición de canciones, pero estás empezando a enfrentarte a la fría y dura realidad de que una gran parte de la escritura de letras es simplemente hacer listas, no pasa nada. Una gran parte de escribir letras consiste en hacer listas. No te voy a mentir. Pero, como sabes, una preparación sólida es casi siempre el truco para escribir algo grande.

Así que haz esas listas, compadre, y una vez las hayas hecho, nos podremos a crear la letra de tu primera estrofa.

HAZ UNA LLUVIA DE IDEAS PARA LA LETRA

Dedica mucho tiempo a generar ideas que podrías usar en la letra de tu primera estrofa.

Céntrate en encontrar palabras, frases y rimas interesantes y potenciales versos de apertura y cierre relacionados con el tema o enfoque de tu primera estrofa.

Si lo necesitas, empieza con la escritura libre desde la perspectiva de la persona (o personas) que canta tu canción.

Escribe la letra de la primera estrofa

Muy bien. Buen trabajo. Ahora es el momento de convertir todas esas grandes ideas que has generado en una letra completa para la primera estrofa.

Igual que en la Parte 5, te recomiendo escribir ocho versos que llenarán los 16 compases de tu estrofa. Y para simplificar, también te recomiendo que sigas un esquema de rima XAXAXBXB en la letra de tu estrofa. (Sin embargo, si te ves capaz y quieres probar otra cosa, adelante y prueba otra de las opciones que mencioné en la caja de herramientas de la rima.)

Así que, al igual que al escribir la letra del estribillo, un buen primer paso es marcar el número de versos de tu letra en un folio de papel rayado o en un documento en tu pantalla:

1
2
3
4
5
6
7
8

Y a partir de aquí, seré sincero: los resultados pueden variar. Voy a intentar centrarme en los principios importantes, como siempre, pero es probable que tu forma de pasar de unas líneas en blanco a una letra acabada no sea exactamente igual a la mía. Pero, como siempre, si usas las ideas de las que hablamos, y sigues probando un montón de cosas diferentes, tu letra acabará cuajando a su manera.

Así que ahora, si vuelves atrás a la lista de ideas –que por ahora debería contener más ideas de las que podrías utilizar en esta estrofa– probablemente sentirás que algo mágico ha empezado a suceder.

De entre todas las ideas que has anotado, algunas te empezarán a sobresalir. Empezarán a parecer las mejores o más interesantes de la página –y, obviamente, son las que hay que utilizar primero.

Dicho esto, hay tres tácticas iniciales que recomiendo especialmente para ponerse manos a la obra con la letra del estribillo. Así que, en caso de duda, es una buena idea empezar con una –o más– de éstas:

- Elige una frase inicial contundente –empieza con algo que capte nuestra atención y nos atraiga hacia la letra, y luego deja que el resto de la letra fluya a partir de ahí.
- Escoge un verso de cierre o pivote potente –date un objetivo o idea final a la que llegar, luego deja que el resto de la letra se construya hacia ella.
- Escoge algunas rimas fuertes para los finales de tus versos rimados –como los versos 2 y 4, 6 y 8 en un esquema de rima XAXAXBXB– y construye tu letra en torno a ellas.

A veces una de estas técnicas funciona mejor que las otras – aunque no siempre sabrás cuál funciona mejor para tu canción hasta que pruebes las tres. Pero para mostrarte cómo puedes usar cada táctica voy a construir una letra de estrofa usando una combinación de las tres.

Seguiremos con la idea de «Estoy en una primera cita y estaba nerviosa» con la que hemos estado trabajando en esta parte.

Así que, como primer paso, podría plantear algo así:

1 I'd be lying if I said I was calm		*Te mentiría si dijese que estaba tranquila*
2		
3		
4		
5		
6	(more / sure / explore?)	*(más / seguro / explorar?)*
7		
8 But then you walked in the door		*Pero luego entraste por la puerta*

Probablemente puedas ver lo que he hecho aquí.

En primer lugar, se me ocurrió una frase inicial que me pareció fuerte –es emotiva, algo dramática, y deja claro inmediatamente que el tema de esta estrofa es «estar nerviosa»– reformulando una idea de mi escritura libre.

En segundo lugar, he tomado una de las ideas de cierre para crear el verso 8. En realidad, he reformulado «Pero entraste en la habitación y todo cambió» porque me parecía demasiado larga para un solo verso. Y también he cambiado «*in the room*» por «*in the door*» porque me parece que «*door*» tiene un montón más de opciones de rima que «*room*» – y a veces escribiendo letras es bueno apostar por lo que vaya a hacerte la vida más fácil.

Por último, como sé que quiero el verso 6 termine con algo que rime con «*door*» al final del verso 8, escribí a lápiz tres rimas que me parecieron prometedoras ahí – aunque todavía no sé lo que va a decir ese verso.

Y debo añadir que –ninguna de las letras que he escrito hasta ahora está grabada en piedra. Es solo mi primer intento de crear algo que tenga forma y estructura. Si funciona, estupendo, lo tomaré. Pero si al seguir escribiendo me parece un callejón sin salida, no me lo voy a tomar a pecho si tengo que echar abajo este plan y probar otra cosa. (Vale, me lo tomaré un poco a pecho.)

Pero por ahora, soy optimista de que funcionará, y como hicimos en la Parte 3 con la letra del estribillo, voy a empezar a construir alrededor de lo que ya tengo para ver qué pasa.

Como ya tenemos los versos 1 y 8, dos buenos versos para probar a continuación podrían ser el 2 y el 7 para completar esas parejas. Podría probar algo así:

1 I'd be lying if I said I was clam	*Te mentiría si dijese que estaba tranquila*
2 While I sat there waiting for you.	*Mientras te espero sentada*
3 «Dinner at eight, don't be late…»	*Cena a las ocho, no llegues tarde…*
4 But then I'm waiting on you to come through.	*Pero entonces estoy esperando a que pases*
	(too / through / new?)
5	
6	
7	
8 But then you walked in the door	*Pero luego entraste por la puerta*

Y ¡guau! –en realidad me he dejado llevar y han fluido los cuatro primeros versos. He empezado con el segundo verso, obviamente, tratando de continuar el primero con algo que tuviera sentido y he seguido adelante con la estrofa. Entonces se me ocurrió de repente un *flashback* conversacional –con una ingeniosa **rima interna** «*eight*» y «*late*»– para el tercer verso.

Luego, encontré la manera de continuar ese pensamiento en el verso 4, terminando con una rima en «*ooh*» para combinar con «*you*». (Aunque guardé algunas otras rimas ahí, por si acaso cambiaba de opinión y quería reescribir esta parte de la letra.)

Y, sinceramente, esta vez he tenido bastante suerte –las letras de canciones no siempre surgen tan rápido ni tan fácilmente. Pero al empezar por el verso 1 que había trazado a lápiz, lo utilicé para llegar a un verso 2 que me gustaba. Y luego he usado la rima al final del verso 2 para encontrar la rima que pretendo en el verso 4. En un mal día, me habría tomado mucho más tiempo y muchos más intentos hacerlo funcionar, pero sigue siendo exactamente la estrategia que habría intentado.

En todo este tiempo, no te he dado una completa lluvia de ideas para la letra de la que podría haber sacado estas ideas, pero supongamos que cogí todo lo del verso 1 directamente de esa lluvia de ideas, para luego construir el resto de la letra a partir de ahí.

Además, supongamos que se me ocurrieron las dos rimas «*wait*» y «*late*» en mi lluvia de ideas. Como puedes ver, «*wait*» se coló en los versos 2 y 4 –no como una rima– y la rima interna que usé en el verso 3 son «*eight*» y «*late*». Pero realmente sigue siendo una bonita demostración de cómo funciona –a menudo serás capaz de sacar ideas directamente de tu lluvia de ideas, pero tendrás que adaptar o inventar otras al vuelo para hacerlas funcionar.

De hecho, esa es la clave de la escritura de letras en general – tener un plan, pero ser capaz de improvisar en torno a ese plan cuando sea necesario. Porque, aunque no es imposible que se me ocurriera esa rima interna de «*eight*» y «*late*» sin hacer una lluvia de ideas ni ningún otro trabajo previo, dedicar algo de tiempo a esa fase siempre aumentará las posibilidades de que escribas tus mejores letras.

A continuación, podría tratar de encontrar algo para el verso 7, pero en lugar de eso voy a seguir con mi flujo de inspiración escribiendo algo para los versos 5 y 6. Y como ya he escrito a lápiz un par de rimas en «–ore» en el verso 6, es un buen comienzo.

Así que, después de pasar un par de minutos formulando opciones para el verso 6 a las rimas que ya tengo, he aquí una versión que podría utilizar:

5
6 [...] I had to know more.   [...] *Tenía que saber más*
7
8 But then you walked in the door...   *Pero luego entraste por la puerta*

Y una segunda que es un poco diferente pero aun así podría funcionar:

5
6 [...] I felt so unsure   *Me sentía tan insegura*
7
8 But then you walked in the door...   *Pero luego entraste por la puerta*

Todo lo que he hecho aquí es combinar las rimas que ya tenía con dos de los conceptos de mi primera escritura libre –la idea de estar intrigado por alguien en una cita, y la idea de sentirse nervioso e inseguro.

Y la verdad es que, puedo hacer funcionar cualquiera de esas opciones. Pero mi instinto me dice que tome la versión de la intriga y la curiosidad. Tal vez tu instinto te diga algo diferente, y eso es estupendo –pero para mí, enfocarse en la curiosidad del momento suena más interesante y alentador que seguir con la sensación de ansiedad. Así que me decantaré por la frase *«I had to know more»* del verso 6 y veré adónde me lleva.

Primero, voy a intentar ampliar ese verso con *«I knew I had to know more»* (*«Sabía que tenía que saber más»*). Creo que a mi mente subconsciente le gusta porque introduce otra rima «–ooh» en medio de ese verso –un rápido retroceso a la rima *«you»* y *«through»* de antes, más el *«you»* del final del verso 5– pero también hace que el verso 6 tenga una longitud similar a la de los otros versos que tengo hasta ahora. (Y como dije en la Parte 4, eso generalmente hace más fácil ponerle una melodía a la letra.)

Desde ahí, necesitaré algo en el verso 5 que me dirija naturalmente al verso 6 –algo que vagamente diga «cuando oí hablar de ti por primera vez», o «cuando vi tu perfil en internet por primera vez». O, si nos parece bien que el cantante suene más superficial, podría ser algo como «cuando vi tu cara por primera vez».

5 When I first heard all about you,	*Cuando oí hablar de ti por primera vez,*
6 I knew I had to know more,	*Sabía que tenía que saber más,*
7 Still, I sat there counting the minutes	*Aún así, me senté a contar los minutos*
8 But then you walked in the door…	*Pero luego entraste por la puerta*

Y voila. Funciona. Completa.

En mi primera escritura libre, sonó como que estas dos personas se conocieron por internet, pero en la letra actual, lo he hecho sonar como que fueron presentados por un amigo porque eso suena más potente de algún modo. (Este es otro ejemplo de cómo tomar las ideas de la escritura libre o de la lluvia de ideas y adaptarlas a medida que escribes.)

Luego, en el verso 7, para evitar repetir otra vez una palabra como «esperándote», intenté elegir una imagen o idea que dijera eso, sólo que de otra manera. Barajé la posibilidad de «mirar el reloj» o «revisar el móvil» pero decidí que «contar los minutos» sonaba mejor.

Y ahora que lo miro, voy a cambiar el *«but»* del último verso –que me parece algo rudo– por *«until»* («*Hasta que*») en su lugar (lo que crea otra bonita rima adicional con *«still»* en el verso anterior).

Y eso es todo, una letra completa para una primera estrofa de ocho versos:

1 I'd be lying if I said I was calm	*Te mentiría si dijese que estaba tranquila*
2 While I sat there waiting for you.	*Mientras te espero sentada*
3 «Dinner at eight, don't be late…»	*Cena a las ocho, no llegues tarde…*
4 But then I'm waiting on you to come through.	*Pero entonces estoy esperando a que pases*
5 When I first heard all about you,	*Cuando oí hablar de ti por primera vez,*
6 I knew I had to know more,	*Sabía que tenía que saber más,*
7 Still, I sat there counting the minutes	*Aún así, me senté a contar los minutos*
8 Until you walked in the door…	*Pero luego entraste por la puerta*

Y si te lo estás preguntando, sí, sólo usé una ínfima parte de las ideas que se me ocurrieron antes. Y sí, eso es totalmente normal. Como sabes, merece la pena que surjan muchas ideas potenciales para poder elegir las mejores. Pero en la escritura de letras, a menudo no se dispone de mucho espacio para exponer lo que se quiere decir –por lo que a menudo se quiere acabar con unas pocas ideas sólidas que digan lo que se quiere decir, para poder ponerlas con orgullo en el centro del escenario.

Así que ahí lo tienes –ése es el proceso, y muchas de las ideas que hay detrás, para la escritura de esta estrofa de ocho versos en particular.

Una vez más –y no me canso de repetirlo– es probable que tu experiencia al escribir tu primera estrofa no sea exactamente igual a la mía. Puede que encuentres una táctica completamente diferente o un orden distinto para convertir las mejores ideas de tu lluvia de ideas en una letra acabada. Y es perfecto. Así es cómo funciona.

Pero, sea cual sea tu experiencia, la mejor manera de empezar a escribir una letra es empezar con uno o varios versos fuertes, y luego intentar construir todo lo demás a su alrededor, verso a verso, de la manera que puedas.

Y si eso no sale según lo previsto, siempre puedes probar con un primer o último verso diferente, o una rima o frase diferente –o incluso una táctica o estrategia completamente diferente– y todo tomará sentido más temprano que tarde.

Y si en algún momento te sientes atascado con una letra en particular, puede ayudarte intentar trabajar concentrándote en partes concretas por 20 o 30 minutos, y si sigue sin fluir haz un descanso y vuelve a ello más tarde. A menudo, lo que te estresaba no te parecerá tan complicado cuando vuelvas a ello. Es más, a veces tu subconsciente te obsequia con la solución de algo complicado cuando tomas distancia –pero sólo si antes has pasado algún tiempo intentando arreglarlo conscientemente.

Si llevas un tiempo escribiendo y quieres ir con tus letras un poco más allá, he incluido una caja de herramientas en la página siguiente con algunas ideas más avanzadas. Pero, en cualquier caso, lo repetiré –escribir letras es difícil. Así que sigue adelante. Sigue probando con distintas palabras, frases y rimas hasta que consigas una letra de estrofa que te guste.

Y una vez que lo hayas hecho, miraremos cómo completar tu primera estrofa añadiendo una melodía vocal a la letra que acabas de escribir.

ESCRIBE LA LETRA DE LA PRIMERA ESTROFA

Dedica mucho tiempo a generar ideas para la letra con una escritura libre rápida y luego con una sesión más larga de lluvia de ideas de palabras y frases relacionadas con el tema de tu primera estrofa.

Luego intenta transformar las mejores ideas en una letra completa para la primera estrofa.

Utiliza un esquema de rima sencillo como XAXAXBXB, trata de incluir muchos detalles en tu letra, y mantenla lo más natural y conversacional posible.

CONSEJOS ADICIONALES PARA ESCRIBIR LETRAS

◆ Incluye muchos detalles

Las letras crecen con los detalles. A veces puede parecer extraño elegir algo como «un martes por la mañana» antes que «una mañana» –porque te preguntarás si ese nivel de detalle importa realmente. Pero lo hace. Incluir detalles específicos hace tu letra más real.

Obviamente hay un límite –«un martes por la mañana a las 7h13 y 14 segundos exactamente» suena ridículo. Pero cuantos más detalles incluyas en tu letra, más fuertemente evocará un mundo o una imagen en la imaginación de tu público. Esa es otra de las razones por las que es tan importante dedicar tiempo a generar ideas específicas para las letras antes de empezar a escribir.

◆ Deja clara la situación de tu canción en los primeros cuatro versos

Dicho eso, no tienes suficiente espacio para clarificar cada uno de los detalles de la letra de la canción, porque las letras de canciones suelen tener sólo unos cientos de palabras. Así que, a veces, escribir letras es un equilibrio entre pintar un cuadro con mucho detalle y dejar algunas cosas con un final más abierto. Pero si hay un sitio donde quieres que tu letra sea especialmente clara, es justamente al principio.

Nos darás más información a medida que la canción avance, pero normalmente necesitas que tu público esté seguro de que entiende de qué trata la canción –de quién habla, qué pasa, o dónde pasa– lo antes posible. Así que vale la pena asegurarse de que no dejas a nadie haciendo suposiciones, dejando clara la situación básica de tu canción en las primeras cuatro líneas –o incluso en las dos primeras.

◆ Mantén el tono coloquial

Lo he mencionado cuando hablamos de cómo elegir el gancho lírico, pero es un buen principio para escribir letras en general: una buena letra suena coloquial, como si saliera de una persona hablando.

Eso significa que es una buena idea utilizar el argot o expresiones familiares. Significa que está bien usar frases incompletas –como «Cena a las ocho, no llegues tarde», como hice en mi ejemplo anteriormente. Pero escribas lo que escribas, la prueba de fuego es siempre si suena como una persona real hablando.

◆ Quédate con una misma perspectiva (persona y tiempo)

He hablado mucho en este libro sobre la necesidad de que tu canción parta de una gran idea o visión. Y una de las cosas con las que más tropiezan los escritores noveles es cambiar de tiempo verbal –pasado, presente o futuro– o de persona –yo/nosotros, tú, él/ella/ello/ellos– a mitad de la canción sin una buena razón.

Eso puede sonar algo obvio –y hay algunas buenas razones para cambiar tu perspectiva en medio de una canción– pero si escribiste el estribillo en pasado y luego escribiste la primera estrofa en presente, querrás estar seguro de que lo hiciste a propósito, de que fue una elección definitiva y no un accidente.

◆ No hay que dar siempre en el clavo

En la Parte 2 hablamos de cómo algunos ganchos líricos son bastante directos y otros son más metafóricos o sugerentes. Eso es lo que ocurre con las letras en general –a veces las letras directas funcionan bien, pero no siempre hay que dar en el clavo. Y es que pedir al público que se esfuerce un poco para entender la letra suele implicarle de una forma mucho más activa.

Es una de las razones por la que abrí la letra de mi estrofa de ejemplo con «Mentiría si dijera que estaba tranquila…» en lugar de «¡¡¡DIOS »MÍO, ESTABA TAN NERVIO-SA!!!». Eso es lo que se suele llamar «mostrar, no contar» –la idea de que es mejor describir a alguien temblando que limitarse decir «tenía frío». Por supuesto, la narración también tiene su lugar en la composición de canciones. Lo que ocurre es que contar todo el tiempo resulta aburrido, y –como dije en *The Art of Songwriting*– hay que mostrar mucho más para que lo que se cuenta sea más convincente.

[PARTE 7]
COMPÓN **LA MELODÍA** DE LA ESTROFA Y CREA **LA CONSTRUCCIÓN** DE LAS ESTROFAS

En esta parte… Cómo dar melodía a la letra de tu estrofa y hacer que su acompañamiento desemboque en el estribillo

Ahora que ya tienes lista la base de tus estrofas –acordes, acompañamiento y la letra de una primera estrofa– es la hora de terminar la elaboración de su música con una melodía vocal y una buena introducción al estribillo.

🖙 COMPÓN LA MELODÍA DE LA ESTROFA

Una vez más, hay buenas noticias –no hay nada radicalmente diferente entre componer melodías vocales para las estrofas y melodías vocales para el estribillo. Así que, como antes, te recomiendo que sigas con este proceso:

- Mantén el mismo compás y tempo que elegiste anteriormente. (Aunque es cierto que algunas canciones cambian de tonalidad entre secciones –incluyendo el uso de diferentes tonalidades para sus estrofas y estribillos– los compositores casi nunca cambian de compás o tempo entre secciones.)

- A continuación, haz un esbozo rítmico que encaje con la letra de la primera estrofa que escribiste en la Parte 6. Por lo general, conviene dar a cada verso de la letra el mismo número de compases que al estribillo –probablemente dos. Y, de nuevo, intenta tener en cuenta los principios de la buena prosodia –tu objetivo es dar a tu letra un ritmo que suene, más o menos, como tú pronunciarías esas palabras.

- A partir de ahí, puedes convertir el esbozo rítmico en una melodía entera. Como antes, es una buena idea centrar cada compás de tu melodía en una o más notas del acorde que hay debajo. Y como antes, es una buena idea construir tu melodía en frases enteras. Mientras lo haces, intenta encontrar oportunidades para crear repeticiones frases enteras o partes de frases.

Dicho esto, hay un par de formas sutiles en las que componer melodías de estrofa no es como componer melodías de estribillo. Así que, si quieres un reto extra en esta parte, hay dos cosas adicionales en las que puedes pensar.

En primer lugar, mientras que las melodías de estribillo tienden a ser más llamativas e incluso dramáticas –como si estuvieran haciendo una gran declaración– las melodías de estribillo también tienden a ser más informales y conversacionales. Porque los estribillos tienen la misión de hacer una gran declaración –de decir directamente de qué trata la canción– mientras que las estrofas sirven más bien para situar la historia de la canción, darnos algunos detalles del contexto relacionados con la gran idea de la canción y, a menudo, ayudarnos a familiarizarnos con el cantante. Así que, si puedes componer una melodía vocal de estrofa que parezca más trivial e incluso discreta, suele funcionar bien.

En segundo lugar, dado que la función de cada estrofa es preceder y conducir al estribillo que viene después –hablaremos más sobre esto en breve– es una buena idea pensar en cómo la melodía de la estrofa conecta con la melodía del estribillo.

Para empezar, normalmente querrás que la melodía de tu estribillo termine más o menos en el mismo **registro** vocal, o zona tonal de la voz, en el que empieza la melodía del estribillo. Hay excepciones, pero lo más importante es que las estrofas conecten con el estribillo que le sigue, y no que las dos secciones estén una al lado de la otra. (De nuevo, hablaremos de esto más adelante.)

Y hablando de registro, por norma general, las canciones suelen ceñirse a un registro generalmente más bajo en sus estrofas que en su estribillo. Es otra forma de hacer que los estribillos parezcan el gran acontecimiento de la canción y las estrofas el acto calentamiento. Así que, en caso de duda, no tengas miedo de empezar la melodía vocal de tu estribillo en un registro bastante bajo, y céntrate en utilizar notas generalmente más graves al principio –y luego puedes empezar a usar algunos tonos más agudos más adelante en la estrofa y en el estribillo posterior.

Y eso es todo –eso es todo lo hay que pensar antes de lanzarse a componer la melodía de la estrofa.

Así que, ve a ensuciarte las manos de nuevo. Ve a meter mano a un montón de ideas melódicas y rítmicas diferentes para ver lo que te gusta. Como la última vez, si quieres poner un metrónomo, un ritmo o el *loop* de la progresión de acordes de tus estrofas mientras te inventas una melodía vocal por encima, es una gran estrategia.

Y también, como la última vez, una vez tengas una melodía que te guste, busca la manera de grabarla o anotarla –no sólo porque necesitas una versión definitiva guardada para no olvidarla o perderla, sino porque necesitarás tener esa melodía a mano cuando tengas que escribir la letra de la segunda estrofa en la parte siguiente.

COMPÓN LA MELODÍA DE LA ESTROFA

Igual que con la melodía del estribillo, compón una melodía vocal que encaje con la letra de la primera estrofa y la progresión de acordes que has compuesto para ella.

Es una buena idea empezar de nuevo con un esbozo rítmico y, a partir de ahí, elaborar una melodía vocal acabada, pensando en frases e intentando incluir muchas repeticiones melódicas.

Mantén la melodía de la estrofa más relajada que la melodía del estribillo –e intenta terminar la melodía de la estrofa en un registro que conduzca naturalmente al estribillo.

☞ CREA LA CONSTRUCCIÓN DE LAS ESTROFAS

A continuación, es el momento de hablar sobre un concepto que no es del todo nuevo –ya lo hemos abordado varias veces– pero sobre el que merece la pena profundizar un poco más. Así es –vamos a ver cómo conectar las distintas secciones de la canción de forma eficaz y, en concreto, cómo asegurarnos de que todas las estrofas de tu canción desemboquen bien en cada estribillo.

Una cosa que probablemente hayas notado al escuchar una canción –o cualquier pieza musical– es que algunas partes de la canción suenan más emocionantes que otras. Como en una buena película, una canción tiene altibajos, trozos más acelerados, otros más relajados –y escucharla te lleva a un viaje en miniatura.

De hecho, si tuvieras que resumir lo que hacen la mayoría de las canciones en un ingenioso gráfico, verías que hacen algo así:

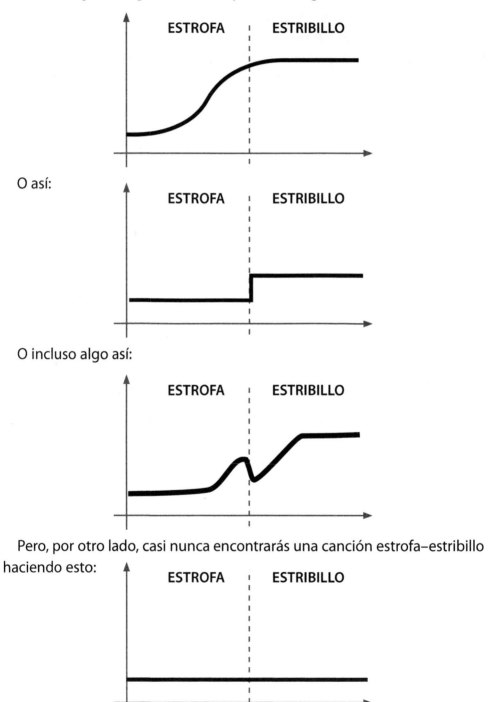

O así:

O incluso algo así:

Pero, por otro lado, casi nunca encontrarás una canción estrofa–estribillo
haciendo esto:

Y sería bastante raro si una canción estrofa–estribillo hiciera esto:

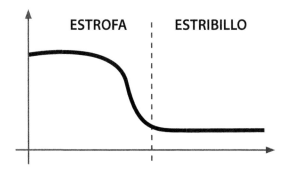

Pero espera un segundo. ¿Cuál es exactamente el valor misterioso en el eje vertical? ¿Felicidad? ¿Charles por segundo? ¿El número de veces que la palabra «*me*» se pronuncia más bien como «*mehhh*»?

Lo he insinuado antes, y puede que ya tengas una corazonada, pero es el nivel de intensidad musical o energía de tu canción. Es la manera en que las distintas secciones de la canción dicen «quédate quieto, que viene algo interesante», o «HEY, ESCUCHA –esta es la parte más importante de la canción», además de todo lo que hay entre medias. Y es la forma en que la música de tu canción suena más o menos emocionante en diferentes secciones para mantener al oyente interesado en la forma o el viaje general de la canción.

Porque, al igual que parte de la diversión de hacer el viaje de tu vida o de asistir a un festival increíble es la expectación –el tiempo que transcurre entre la compra de los billetes y la realización de aquello por lo que has pagado– en una canción, parte de lo que mantiene el interés es la sensación de que algo emocionante está por llegar.

En una estructura estrofa–estribillo, la parte más emocionante e importante de la estructura –el acontecimiento principal de la estructura– suele ser el estribillo de la canción.

Ya hemos hablado mucho de esto –la idea de que el estribillo es el punto en el que realmente das el golpe con el mensaje de la canción y te aseguras de que la gente presta atención. Pero el resto de la canción no es sólo una pausa –sino que utilizas esas secciones para llegar al siguiente estribillo o para alejarnos de él de alguna manera.

Por eso, como has visto en los ingeniosos gráficos explicativos de la página anterior, el estribillo suele ser la sección más intensa, enérgica y emocionante en una estructura estrofa–estribillo, y una de las tareas importantes de cada estrofa es aumentar la intensidad y la energía para que, cuando llegue el estribillo, nos enteremos de verdad.

¿Cómo funciona esto en la práctica? ¿Cómo controlas los niveles de intensidad o energía de tu canción?

Como siempre, hay un puñado de maneras diferentes de afectar a los niveles de intensidad de tu canción –independientemente de los instrumentos o la tecnología con los que estés componiendo. Pero aquí tienes cinco de las mejores:

👉 **Para aumentar el nivel de intensidad o energía de una canción:**
- Haz el acompañamiento rítmicamente más movido –tal vez rasgueando o tocando acordes a un ritmo más rápido, o incluyendo más notas en tu pista de percusión.
- Aumenta la **dinámica** general –o volumen– del acompañamiento.
- Añade pistas o partes adicionales –como una pista de sintetizador o más ideas a la vez en la pista de piano.
- Compón acordes más llenos o gruesos –compón acordes con más notas.
- Compón un acompañamiento que se expanda sobre un rango más amplio –que use algunos tonos más agudos o graves, ya menudo ambos.

Eso significa que, la mayoría del tiempo, controlar el nivel de intensidad de una canción consiste en controlar sus acompañamientos –su intensidad, su volumen y su sonido. Pero, sobre todo, se trata de gestionar la **textura** de la canción –el número de partes instrumentales y su interacción– a medida que avanza.

Por eso, a la hora de componer tu estrofa, te sugerí que la mantuvieses lo más simple y relajada posible –para que pudieses aumentar la textura, elevar el nivel dinámico general, o añadir partes adicionales o más completas más adelante, de modo que la canción de la sensación de estar construyéndose.

E igualmente, ésa es la razón por la que generalmente quieres mantener tu melodía vocal en un registro más bajo en tus estrofas que en tus estribillos –ayuda a reforzar la idea que tus estribillos son el evento principal de la canción. De hecho, con la construcción de las estrofas suele ser una buena idea utilizar dos o más técnicas diferentes para aumentar la intensidad –ya que así el efecto es mayor que con una sola técnica.

Así que, piensa bien en cómo se aplican estas ideas a la canción que estás componiendo. A veces basta con utilizar un acompañamiento ligeramente más intenso o enérgico en tus estribillos que en tus estrofas –eso hace que tus estribillos parezcan más importantes que tus estrofas. (Lo he representado en el segundo gráfico con forma de «bloque» que te di anteriormente.) Pero a menudo suena mejor hacer que la intensidad de la canción aumente más gradualmente en las estrofas –y hacia la segunda mitad de cada estrofa en particular.

A veces, estos cambios pueden ser bastante sutiles –el estribillo no tiene por qué ser los 16 compases más intensos y enérgicos que hayas escrito nunca, y la estrofa no tiene por qué ser la de más discreta de todas. Pero merece la pena que te tomes un tiempo para asegurarte de que estás contento con la forma en que las estrofas y los estribillos de tu canción funcionan juntos –no sólo como secciones una al lado de la otra, sino como una asociación que nos lleva a una miniaventura.

Esto puede significar hacer algunos cambios en la estrofa, en el estribillo, o en ambos. Puede significar hacer algunos ligeros cambios en la segunda mitad de tu estrofa, pero dejando intacta la primera mitad.

Pero hagas lo que hagas, como siempre, debes intentar conseguir algo que *sientas* que te gusta –que sientas cómo crea esa pequeña subida y bajada que se encuentra en prácticamente todas las estrofas y estribillos de prácticamente todas las canciones con estrofa y estribillo.

Si necesitas un poco de inspiración –o quieres escuchar de primera mano cómo funciona esto– no es una mala idea que vayas a escuchar algunas de tus canciones favoritas e intentes averiguar cómo enfocan esta idea fundamental. Esto te ayudará a entender cómo funciona lo que he dicho sobre la construcción de una estrofa en la práctica, y quizá te ayude a descubrir aún más técnicas para controlar el nivel de intensidad de tu canción.

En cualquier caso, como siempre, juega con tu canción. Utiliza lo que sabes y los instrumentos o tecnología que tienes para aplicar esta idea y a ver qué se te ocurre.

Una vez hecho esto, empezaremos a pensar en la letra de la segunda estrofa de tu canción.

CREA LA CONSTRUCCIÓN DE LAS ESTROFAS

Dedica algo de tiempo a asegurarte de que las estrofas de tu canción dan la sensación de ir creciendo en intensidad hasta llegar a los estribillos.

Esto puede significar componer acordes más llenos o rápidos, añadir más partes o pistas adicionales, o aumentar la dinámica en los acompañamientos de tus estrofas.

También puedes retocar los acompañamientos del estribillo de tu canción para asegurarte de que éste sea el evento principal de la canción.

[PARTE 8]
ESCRIBE LA LETRA DE LA SEGUNDA ESTROFA Y EMPIEZA A ARMAR TU CANCIÓN

En esta parte… Cómo escribir la letra
de la segunda estrofa –y cómo empezar
a juntar todas las secciones de tu canción

Ahora es el momento de pensar en la letra de la segunda estrofa –y gracias a tu duro trabajo en el plan maestro de estrofas, no debería haber ninguna maldición de la segunda estrofa a la vista.

Después, una vez que tengas la segunda estrofa, dedicaremos algún tiempo a reunir todo lo que has escrito hasta ahora en un solo lugar, incluida la creación de una hoja de letras de aspecto profesional y encontrar una manera de anotar o registrar tu canción entera.

Y sí, eso significa que por fin estás en la recta final. Así que sigamos adelante.

ESCRIBE LA LETRA DE LA SEGUNDA ESTROFA

La buena noticia es que, aparte del enfoque diferente del tema, el proceso para crear la letra de la segunda estrofa es prácticamente el mismo que el de la primera. En resumen:

- Dedica un momento a escribir el enfoque o tema central de la letra de la segunda estrofa en un lugar destacado –porque de nuevo, quieres que esa letra surja de él.
- A continuación, haz una rápida escritura libre en torno a ese enfoque o tema para que te ayude a averiguar qué podría decir tu segunda estrofa. Utiliza esas ideas para hacer una nueva lluvia de ideas para la letra –céntrate en encontrar palabras y frases interesantes, rimas interesantes y potenciales líneas de apertura y de cierre, y como de costumbre, intenta tener más ideas de las que realmente vas a necesitar.
- Por último, una vez que tengas un montón de ideas con las que trabajar, puedes convertir las más potentes en una letra completa. Y ya está.

Como antes, este proceso puede llevar mucho tiempo –así que no caigas en la tentación de precipitarte en las fases de escritura libre y lluvia de ideas. Lo más probable es que en esas fases se te ocurran algunas de las ideas más interesantes.

También es buena idea mantener la estructura y la forma de la primera estrofa en la segunda. Con esto me refiero a mantener el mismo número de versos –ya que ambas letras tomarán la misma melodía –y a mantener el mismo esquema de rimas, si puedes.

Además, dado que las dos letras de las estrofas tendrán la misma melodía, o similar, por lo general querrás que el número de sílabas de tu segunda estrofa coincida con el de la primera, más o menos. Diferentes compositores tienen diferentes actitudes frente a esto –y sí, tratar de escribir algo que coincida en tu segunda estrofa hace que el proceso sea más difícil– pero ese tipo de regularidad y coherencia suele tener un efecto positivo en el oyente.

Puedes hacer algunos cambios menores –tal vez añadiendo o quitando una sílaba o dos–, así:

(Puedes jugar a encontrar las diferencias si quieres ver exactamente cómo cambié la melodía la segunda vez para que encajara con la nueva letra –pero si escuchas, verás cómo mantuve intacta la esencia de la melodía de la primera estrofa.)

Pero, en general, si la letra de tu segunda estrofa encaja de primeras con la melodía, no necesitas hacer demasiados cambios. A veces hay que probar muchas versiones diferentes de un verso de la letra antes de encontrar el modo de decir lo que quieres decir y que encaje con una melodía específica –pero si sigues intentándolo, pronto encontrarás una gran solución.

Dicho esto, también puedes usar esa regularidad a tu favor cuando escribas la segunda estrofa. Por ejemplo, si tu primera estrofa se abre con la palabra «Hey» para captar la atención del público, puedes empezar la segunda con algo como «Oh» para crear el mismo efecto.

O, si se te ocurrió un verso final brutal en la letra de tu primera estrofa, puede que haya una manera de reformularlo o variarlo para crear algo nuevo pero familiar en la segunda estrofa. Si terminas la primera estrofa con el verso «Necesito que sepas…», puedes terminar la segunda con un verso como «Escucha mientras digo…», o «Me gustaría que me escucharas…», o «Por favor, escucha lo que voy a decir…».

Además, es tu decisión, pero te recomiendo que trates de encontrar rimas que suenen diferentes en tu segunda estrofa –de forma que, si rimaste *me* y *be* la primera vez, evites cualquier rima importante en «–ee» en tu segunda estrofa para mantener la originalidad.

Y eso es todo básicamente. Si necesitas volver atrás a la Parte 6 para familiarizarte con alguna de las técnicas de las que hablamos allí, no es mala idea. Si no, sigue adelante y haz la misma magia creativa con un nuevo enfoque o tema de estrofa y mira cómo puedes ampliar la historia que empezaste a contar en la primera estrofa.

ESCRIBE LA LETRA DE SEGUNDA ESTROFA

Dedica algún tiempo a generar montones de ideas para letra, como hiciste con la primera estrofa, utilizando el tema o enfoque de la segunda estrofa según tu plan maestro.

A continuación, elabora una nueva estrofa con esas ideas, tratando de ajustarte lo más posible a la estructura y el formato de la primera estrofa.

LLUVIA DE IDEAS PARA LA LETRA
ESTROFA 2 / Tema o enfoque de la estrofa: _____

Versos de apertura

Rimas interesantes

Palabras/frases interesantes

Versos de cierre/
versos de pivote

🖘 EMPIEZA A ARMAR TU CANCIÓN

Buen trabajo. Ese es el grueso de tu canción completa –o al menos, del cuerpo principal de tu canción. Así que, bravo.

En las partes finales de este proceso veremos la adición de otras tres secciones –un puente, una intro y una *outro*. Pero antes de hacerlo, tiene sentido juntar todo lo que has escrito hasta ahora en un solo lugar, si no lo has hecho todavía. Así que, tomémonos un momento para hablar de ello.

Junta las secciones de tu canción

En primer lugar, armar tu canción significa la creación de una versión definitiva de todo lo que has creado hasta el momento, en el orden adecuado, todo en un mismo lugar. Eso puede ser una grabación completa, o una notación completa de la versión de tu canción, o un único archivo de proyecto en tu EAD.

Puede parecer obvio, pero si has estado creando la canción en secciones separadas, es importante unirlas.

Y si esta es tu primera canción, puedes echar la vista atrás, estar súper orgulloso de lo que has hecho y seguir con la siguiente parte del proceso.

Pero si eres un compositor con más experiencia, ahora que tienes toda tu canción en un solo lugar puede que quieras pasar algún tiempo escuchándola todo en orden y pensar en hacer varios retoques a lo que has escrito antes de continuar.

En concreto, he aquí un puñado de cosas a tener en cuenta:

- Asegúrate de que estás satisfecho con la forma en que la canción se mueve entre secciones. Por ejemplo, a veces tiene sentido añadir dos o cuatro compases más como descanso después de cada estribillo antes de pasar a la siguiente sección. Estas breves secciones se llaman **turnaround** y normalmente se limitan a repetir el acompañamiento y la progresión de acordes del estribillo una o dos veces más.

- Del mismo modo, es posible que desees hacer algunos ajustes menores en la música de la segunda estrofa o estribillo –especialmente si estás trabajando en una EAD. Si bien es cierto que la segunda estrofa y el estribillo van a repetir la música de la primera, a veces es un buen detalle variar ligeramente la música la segunda vez. Tal vez eso signifique añadir una pista más de sintetizador o algunos «ooh»s o «aah»s. O retocar un poco el acompañamiento –para que siga reconocible, pero lo suficientemente diferente para mantener al público en vilo.

- Pero hagas los cambios que hagas, necesitas que sean sutiles –es importante que todas las secciones repetidas de tu canción suenen como repeticiones, y no como algo nuevo. Y como norma general, cuando algo en tu canción vuelve, siempre debe ser igual o más interesante que antes, y no menos. Así que, puedes agregar capas o añadir interés –o dejar las cosas igual– pero en general necesitas que parezca que estás construyendo encima de lo que ya has hecho, no darnos todo lo que tienes y luego seguir con algo menos emocionante. (De nuevo, todo tiene que ver con la forma de planificar los niveles de energía e intensidad de tu canción.)

Y ya está. Naturalmente, estas técnicas adicionales no funcionarán en todas las canciones –y canciones con repeticiones simples y directas también funcionan muy bien. Pero están ahí como opciones si quieres usarlas.

Crea una hoja de letras para tu canción
Por último, antes de seguir adelante, merece la pena crear una hoja de letras con aspecto profesional para tu canción. Si compartes tu canción con alguien, una buena hoja de letras sirve como versión oficial de todo lo que has escrito –y también te será muy útil para ver toda tu canción en un solo lugar.

Los distintos autores y géneros tienen sus propias convenciones de formato, pero la mayoría de ellas incluyen todos estos elementos:
- La letra entera de la canción.
- Algunas etiquetas rápidas para señalar la estructura de la canción.
- El título y los créditos de la canción –y, si la compartes con otras personas, los detalles de contacto de al menos uno de los autores.

Para mostrarte lo que quiero decir, he preparado un ejemplo rápido en las dos páginas siguientes.

Depende de ti si copias el estribillo cada vez. Algunos compositores solo escriben «REPETIR ESTRIBILLO» como abreviatura después de la primera vez que aparece, pero yo prefiero escribirlo todo entero para que veas la canción tal y como será interpretada.

También depende de ti usar puntuación al final de los versos de tu letra de manera que tenga sentido –pero recuerda que no puedes cantar los signos de puntuación, así que vale la pena que todo sea lo más simple posible.

Por último, a veces tendrás que tomar decisiones creativas sobre cómo dividir la letra en diferentes versos. Como he dicho antes, lo más importante es que tu letra tenga sentido musicalmente –pero conviene escribirla de la forma más clara posible.

A WHOLE D*MN SONG *TODA UNA MALDITA CANCIÓN*

Letra y música de Ed Bell / ejbmusic@mail.com

ESTROFA 1	Some days in your life	*Algunos días de tu vida*
	Netflix just isn't enough,	*Netflix no es suficiente,*
	So you've got to hunker down	*Netflix no es suficiente,*
	And try something kind of tough.	*y probar algo un poco más exigente.*
	Something that's a challenge	*Algo que sea un reto*
	That's interesting but fun,	*interesante pero divertido,*
	Like writing a new song,	*como componer una nueva canción*
	And that's exactly what I've done.	*y eso es exactamente lo que he hecho.*
ESTRIBILLO	I wrote a whole d*mn song,	*Compuse toda una maldita canción,*
	It isn't very long	*no es muy larga*
	But I wrote the whole song	*pero compuse toda la canción*
	On my own.	*yo solo.*
	I wrote a whole d*mn song,	*Compuse toda una maldita canción,*
	So you can sing along	*para que puedas cantarla*
	And I'm so proud	*y estoy muy orgulloso*
	That I did it alone.	*de haberlo hecho solo.*
ESTROFA 2	Yeah, life can be dull,	*Sí, la vida puede ser aburrida,*
	And your job is a grind.	*y tu trabajo es un rollo.*
	So you need a new outlet	*Así que necesitas una nueva*
	For your creative mind.	*salida para tu mente creativa.*
	'Cos everything is better	*Porque todo es mejor*
	When you do it your way.	*cuando lo haces a tu manera.*
	That's what writing's all about	*De eso va componer*
	And it's why I'm glad to say…	*y es por eso que me alegra decir…*

ESTRIBILLO	I wrote a whole d*mn song,	*Compuse toda una maldita canción,*
	It isn't very long	*no es muy larga*
	But I wrote the whole song	*pero compuse toda la canción*
	On my own.	*yo solo.*
	I wrote a whole d*mn song,	*Compuse toda una maldita canción,*
	So you can sing along	*para que puedas cantarla*
	And I'm so proud	*y estoy muy orgulloso*
	That I did it alone.	*de haberlo hecho solo.*

PUENTE […]

ESTRIBILLO	I wrote a whole d*mn song,	*Compuse toda una maldita canción,*
	It isn't very long	*no es muy larga*
	But I wrote the whole song	*pero compuse toda la canción*
	On my own.	*yo solo.*
	I wrote a whole d*mn song,	*Compuse toda una maldita canción,*
	So you can sing along	*para que puedas cantarla*
	And I'm so proud	*y estoy muy orgulloso*
	That I did it alone.	*de haberlo hecho solo.*
	(Repetir ESTRIBILLO y fade–out) [6]	

Copyright © 2020 Ed Bell / Todos los derechos reservados

Ah, y además –verás que he añadido una pequeña nota sobre los derechos de autor al final de esta hoja de letras. Es una buena práctica, y puedes hacer lo mismo si quieres, pero francamente –y especialmente si todavía eres nuevo en la composición de canciones– por lo general no necesitas preocuparte por que alguien vaya a «robarte» tu canción. Hay más sobre el por qué en una caja de herramientas al final de esta sección.

Así que, ese es el tema con las hojas de letras. Y sea cual sea el tipo de canciones que escribas, vale la pena crear una hoja de letras profesional para tener un registro completo de lo que has creado.

Si quieres ir un paso más allá, puedes buscar la forma de escribir la música de tu canción. Una manera simple de hacerlo es añadiendo símbolos de acordes a tu hoja de letras –encima de las palabras donde cambia el acorde– así:

---

6. Desvanecer o difuminar el sonido gradualmente. (Nota de la trad.)

<pre>
                        Do   Fa
     ESTRIBILLO I wrote a whole d*mn song,

                     La–m Sol
                It isn't very long

                        Do   Fa+
                But I wrote the whole song

                     La–m   Sol
                On my own.
</pre>

Si lo prefieres, puedes escribir tu progresión de acordes cerca por separado –con una nueva progresión al inicio de cada sección, si lo necesitas.

O, si tienes conocimientos de notación, puedes crear lo que se llama una **partitura básica** –un solo pentagrama con la melodía vocal más su letra y acordes– así:

Por otra parte, si compones para instrumentos en directo y tienes los conocimientos necesarios, también puedes anotar tu canción en notación –aunque algunas partes de la canción estén anotadas de forma aproximada o utilices algún tipo de abreviación:

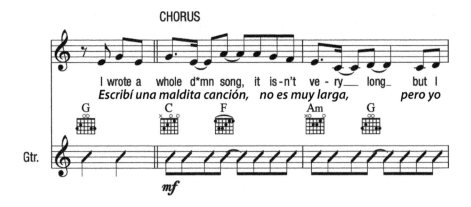

Pero, de nuevo –anotar la música de tu canción en una de estas formas más avanzadas es opcional. Aunque, como mínimo, necesitas la letra de la canción y algún tipo de grabación completa– ya sea de ti interpretando la canción, aunque sea a grandes rasgos, o una versión de la canción en tu EAD, o algún tipo de versión anotada de la canción como la que te he enseñado.

Y luego, cuando lo hayas hecho, será el momento de añadirle las últimas secciones.

ARMA TU CANCIÓN

Crea una hoja de letras para tu canción actual –que incluya su letra completa y otra información importante.

Tómate un momento para combinar todo lo que has creado hasta ahora en un solo lugar –ya sea en una grabación, en un archivo en tu DAW o en notación musical.

CAJA DE HERRAMIENTAS

CONCEPTOS BÁSICOS
SOBRE LOS DERECHOS DE AUTOR

Hay muchas ideas equivocadas sobre los derechos de autor en composición –y francamente, muchos compositores se preocupan por ello más de lo necesario, especialmente si están empezando. Así que aclaremos dos conceptos erróneos muy comunes.

◆ Nadie va a robarte tu nueva canción (seguramente)

Claro, siempre que se crea algo nuevo existe el riesgo de que alguien haga con ello algo que no debería... Pero las probabilidades de que eso pase son generalmente muy pocas.
A muchos compositores les preocupa que alguien «de la industria musical» descubra su canción, la «robe» y se forre con ella. Y aunque en teoría eso es posible, en la práctica no es lo habitual. Los ejecutivos de la industria musical normalmente van buscando canciones *sumamente* específicas para sus artistas –canciones hechas a medida que encajen con el estilo e imagen que quieren promocionar.
Por lo tanto, incluso si ya compones canciones a nivel profesional, la probabilidad de que alguien tremendamente deshonesto se encuentre con tu canción, y le guste lo que has compuesto, y resulte que encaja perfectamente con lo que necesita, y decida copiarla sin piedad para hacerse rico, es bastante remota. Así que, la mayor parte del tiempo, puedes dormir tranquilo.

◆ Tu canción tiene derechos de autor automáticamente desde el momento en que la escribes

Así es –realmente no tienes que hacer nada para que tenga derechos de autor. No necesitas registrarla en ningún sitio. No es necesario que un abogado la certifique ante notario. No tienes que sacrificar una copia a medianoche la noche

antes de la primera luna llena de cada febrero. Y definitivamente no tienes que enviarte una copia sellada a ti mismo.
(A eso le llaman a veces «derechos de autor del pobre» –ya
que de todas formas, no funciona porque podrías mandarte a
ti mismo un sobre vacío y cerrarlo después.)

Todo lo que tienes que hacer para registrar los derechos de
autor de una canción es asegurarte de que existe físicamente
en algún lugar que no sea tu cerebro –sólo tienes que anotarla, grabarla, guardarla como archivo, o algo parecido. Eso
es todo.

En algunos países puedes registrar oficialmente trabajos con
derechos de autor si quieres. (En los Estados Unidos, por
ejemplo, la Biblioteca del Congreso se encarga del sistema
de registro nacional de derechos de autor.) Eso no da derechos de autor al trabajo –porque eso sucede automáticamente– pero suele facilitar las cosas en el futuro si tienes que re-
clamar derechos de autor porque alguien infringe lo que has
escrito. Por eso, normalmente sólo merece la pena el gasto y
las molestias de registrar un copyright si vas a publicar una
canción o piensas promocionarla o venderla en serio.

En resumen, sí. Los derechos de autor y el robo de la pro-
piedad intelectual son temas serios. Pero, en general –y
especialmente si todavía estás empezando a componer– no
merece la pena preocuparse demasiado al respecto.

[PARTE 9]
AÑADE UN PUENTE

En esta parte… Unas cuantas técnicas poderosas para añadir un puente de contraste a tu canción.

Así que aquí estamos –ya tenemos la mayor parte de tu canción terminada. Lo único que queda en estas dos últimas partes es pensar en dar los toques finales a tu canción.

La primera sección que hay que pensar en añadir es un **puente** –la función de un puente es siempre la misma: crear un contraste o salida del mundo que tu canción ya ha establecido. Por eso un puente musical normalmente viene después del segundo estribillo –para romper el patrón regular de estrofa, estribillo, estrofa, estribillo, con algo nuevo e inesperado.

Hay diferentes formas de crear ese contraste, pero empezaremos centrándonos en la forma más común –escribir un puente vocal «estándar» con letra y música nuevas que contrasten.

Si eres nuevo componiendo canciones, éste es el tipo de puente que te recomiendo encarecidamente que compongas. Pero si llevas tiempo componiendo, también te voy a mostrar cómo trabajar con dos otras grandes opciones –componer un puente instrumental, o no componer ningún puente (y por qué, en algunas canciones, ésta puede ser la mejor opción.)

☞ COMPONER UN PUENTE VOCAL «ESTÁNDAR»

Entonces, como he dicho, la clave para componer un buen puente es el contraste –darnos algo en la canción que sea diferente, que no haya sucedido ya, que nos lleve a un lugar nuevo. Eso significa que la mayoría de los puentes tienen nueva letra, nueva melodía, nueva progresión de acordes y nuevo acompañamiento.

Aun así, como ya hemos comentado sobre otras secciones de la canción, no querrás que el puente suene como si viniera de otro planeta –o simplemente de otra canción. Querrás que dé la sensación de que pertenece al mismo mundo, sólo que a una parte diferente de él.

Eso a veces es un ejercicio de equilibrio delicado, pero significa que la letra del puente va a ser nueva, aunque relacionada con la idea general de tu canción. Y significa que la música de tu puente sonará fresca pero como si perteneciera al mismo mundo musical que el resto de tu canción.

Veamos cómo funciona eso en la práctica.

Encuentra una perspectiva lírica de contraste

La estrategia para escribir una buena letra para tu puente es bastante simple –**lo que quieres es que añada una perspectiva nueva y diferente a lo que tu canción ha tratado hasta ahora.**

Si la segunda estrofa debe parecer un paso adelante respecto a la primera, el puente debe parecer un paso al lado –como si diera al mensaje de tu canción una perspectiva ligeramente diferente o un contexto adicional.

Ahora es un buen momento para recordar la idea principal de tu canción y revisar el plan maestro de estrofas. En tu puente, vas a llevar tu plan maestro un paso más allá –pero no con algo que parezca una continuación o una ampliación, sino un contraste.

Como de costumbre, hay muchas formas diferentes de hacerlo, pero he aquí tres muy comunes y realmente efectivas:

- **Cambia el marco temporal:** Si has hecho que tus estrofas sean diferentes cronológicamente –por ejemplo, hablando de una primera y una segunda cita– entonces utiliza el puente para llevarnos o hablar de nuevo de un periodo de tiempo diferente. Así podrías hablar del pasado –lo solitaria que era tu vida de cantante antes de conocer a esa persona– o saltar al futuro –lo que crees que podría ser vuestra vida juntos en un futuro inmediato o más lejano.

- **Amplía la perspectiva:** Algunas canciones se benefician de una visión más amplia o filosófica de su idea o tesis principal. Así que, si tu canción trata de alguien que está sufriendo el dolor de un desamor concreto, en el puente podrías hablar del desamor de forma más general –como «A veces los corazones se rompen…», o «Es verdad, el amor duele…», o «El amor es un juego y a veces pierdes…». Por lo general, hay que evitar que la letra de una canción sea demasiado genérica –como sabes, los detalles dan vida a las letras de las canciones– pero en tu puente puede funcionar muy bien algo más general que añada algo de contexto o una perspectiva renovada a la situación concreta de la canción.

- **Rechaza una perspectiva opuesta:** Si intentas argumentar seriamente un punto, una técnica común y realmente persuasiva es adoptar una perspectiva opuesta y mostrarla como defectuosa o errónea de alguna manera. Claro, una canción no es un proceso judicial, pero esta idea también funciona estupendamente en el puente de una canción –en pocas palabras, sacas a relucir alguna perspectiva opuesta y luego dices o muestras que esa perspectiva en realidad no es cierta o no importa. Entonces, si el mensaje de tu canción es «Hey mundo, he vuelto», podrías escribir un puente que diga «Algunas personas pensaban que me había ido para siempre, pero mira qué equivocadas estaban». O, si el mensaje de tu canción es «Todos deberíamos querernos los unos a los otros», en el puente podrías hablar de algunas de las consecuencias negativas de no hacerlo.

Así que piensa qué podría funcionar en tu canción –porque las letras de los puentes tienen que ver con este tipo de perspectiva renovada. Puede que descubras que tu canción funciona a la perfección con una de estas tres técnicas, o puede que una de esas ideas despierte alguna otra que suene prometedora.

En cualquier caso, como siempre, vale la pena hacer una lluvia de ideas sobre los distintos enfoques que podrían funcionar. (La mayoría de las ideas de canciones tienen montones de perspectivas nuevas que podrías usar para escribir un puente.) Después, puedes elegir el enfoque que más te guste. Y una vez que te hayas decidido por una perspectiva lírica que funcione, puedes empezar a trabajar en la letra propiamente dicha.

Escribe la letra del puente
A la hora de escribir la letra del puente, el proceso es básicamente el mismo que el que usaste para escribir la letra de tus estrofas –así que a estas alturas ya eres un profesional sin duda.

Pero al igual que antes, deberás dedicar algún tiempo a pensar diferentes ideas, frases y rimas que exploren el enfoque general de tu puente. A continuación, puedes convertir esas ideas en una letra de puente acabada.

Es una buena idea que la letra del puente tenga la misma longitud que las demás secciones –probablemente ocho versos– o que sea más corta –cuatro versos, por ejemplo. Como siempre, las secciones de la canción deben tener una duración equilibrada, pero a veces –especialmente en un puente más ligero o menos intenso– algo más corto puede funcionar muy bien. (Aunque, elijas lo que elijas, si tu canción ha tenido generalmente dos compases para cada verso, es una buena idea mantener eso en tu puente.)

También es una buena idea volver a utilizar un esquema de rimas simple. Sin embargo, como el objetivo de tu puente es llevarnos a algún lugar nuevo, puedes intentar algo un poco diferente si lo deseas –incluso sin rima.

Por último, una buena manera de escribir una letra para un puente es definir un verso final y luego trabajar hacia atrás –o escribir el primer verso y el último e intentar conectarlos.

De hecho, eso es particularmente cierto en el puente de una canción porque el verso final de su letra suele ser especialmente importante –a menudo es el quid de lo que realmente trata la canción, o lo que está diciendo a un nivel más profundo. Así que si se te ocurrió un verso especialmente fuerte que suena como si profundizara en lo que estás tratando de decir en la canción, el último verso de tu puente es un sitio genial para ponerlo.

Y básicamente eso es todo. Como siempre, debes dejar que la intuición te guíe. Tienes que seguir probando cosas diferentes hasta conseguir una letra de puente que funcione. Y en lo que a escribir puentes se refiere, si el resultado es más flojo o áspero de lo normal –incluso como una lista de ideas sueltas, como un fluir de la conciencia– también puede funcionar.

Así que adelante. A ver qué se te ocurre.

Compón los acordes, la melodía y el acompañamiento del puente

Igual que la letra del puente, su música debe ser fresca y diferente, pero de algún modo seguir formando parte del mundo general de la canción. Intentas crear algo que parezca una vía de escape o una distracción de «lo mismo de siempre» de tu canción.

Eso significa que es bastante raro encontrar puentes que simplemente copien y peguen ideas musicales de otras partes de la canción. De todas formas, al igual que cuando te aseguras de que los acompañamientos de la estrofa y del estribillo encajan, si hay alguna idea musical en algún lugar de tu canción que puedas usar para inspirar el puente –un ritmo, una forma melódica, un sonido o técnica instrumental, incluso una sensación general– a menudo merece la pena aprovecharla.

Has trabajado en este proceso al menos un par de veces hasta ahora, así que esta vez dejaré que empieces por los acordes, la melodía o el acompañamiento –por la parte que más te motive, o por la parte que te parezca el camino de menor resistencia– y construir el resto del puente de tu canción desde ahí.

Pero sea cual sea el orden en que intentes hacerlo, hablemos de algunas formas estupendas de crear contraste en cada elemento de tu puente.

En tu progresión de acordes del puente, piensa en usar acordes que nos lleven a algún lugar nuevo. Eso no significa que tengas que meter el acorde más oscuro o aleatorio que se te ocurra. Sino que, si hay un acorde que te gusta, pero no lo has usado todavía en tu canción, es el momento de usarlo.

Aún mejor, empezar el puente con un acorde de sonoridad diferente – incluso si ya lo has utilizado en otra parte en menor medida –es una táctica estupenda. (Eso significa que el acorde de tónica, acorde I o i, no es una buena elección para el primer acorde de tu puente –porque suena demasiado a meta.)

Para la melodía vocal del puente, lo más importante es componer algo que funcione bien como melodía en sí misma, por supuesto. Pero si no encuentras la manera de hacerla ligeramente diferente, aún mejor. Tal vez signifique que debes introducir una nueva idea rítmica que no hayas usado todavía, o incluir notas más largas si es que antes no había muchas. Tampoco es raro encontrar la nota más alta de la canción hasta el momento en el puente (por lo que el registro vocal de la canción se expande hacia un nuevo territorio).

Pero igualmente, muchas melodías de puentes no son tan excepcionales. Si tu progresión de acordes y el acompañamiento suenan particularmente frescos, a veces una melodía vocal más previsible encima puede funcionar muy bien.

Con el acompañamiento instrumental de tu puente, tienes la mayor oportunidad de sacarte algo de la manga que suene nuevo y creativo. De nuevo, lo más importante es que lo que compongas suene como si procediera del mismo mundo musical que ya has establecido en tu canción, sólo que a alguna parte adonde todavía no nos has llevado.

He aquí algunas formas comunes y realmente eficaces de conseguirlo:

- Añade partes o capas extras –como una pista adicional de sintetizador o de cuerdas en una EAD, o una parte más compleja de piano o guitarra.
- Mantén el *feeling* –o el ritmo general– del acompañamiento de tu estribillo, pero intenta transformarlo o reinventarlo de algún modo.
- O bien, danos una vibración musical diferente de alguna manera –si antes tus ritmos ajetreados e intensos, danos algo que parezca más tranquilo o estático. (Pero, si quieres, puedes mantener esa intensidad de forma suave o silenciosa en algún lugar de la textura musical.)
- Expande el registro de la canción –usa tonos instrumentales que no hayas utilizado antes– o, por el contrario, redúcelo para que parezca más autónomo. Eliminar los graves, los tonos más bajos, es una técnica muy común para que el puente parezca diferente o incluso de otro mundo.
- Baja la **dinámica**, o volumen –los puentes silenciosos o «flotantes» pueden ser realmente eficaces– o sube el volumen hasta un punto en el que aún no hayas llegado –los puentes culminantes también pueden funcionar bien, dependiendo de la canción y del mensaje de la letra del puente.

Lo sé, son muchas opciones diferentes –y como siempre, no todas las opciones sirven para todas las canciones. Tendrás que probar varias cosas distintas para averiguar qué suena bien dentro del mundo de tu canción. Y si alguna vez te falta la inspiración, nunca está de más que escuches algunas de tus canciones favoritas y descubras cómo crean contraste en sus puentes –y cómo puedes utilizar esas técnicas en tus creaciones.

Y si te estabas preguntando qué pasa con la intensidad o los niveles de energía del puente de tu canción –como ya hablamos en la Parte 7– la respuesta es que no hay una única respuesta. Algunos puentes bajan mucho en intensidad para llegar al estribillo final, mientras que otros mantienen la intensidad del estribillo, solo que de diferente manera.

Esto se debe a que, aunque querrás hacer un seguimiento de lo que hace tu puente en términos de intensidad y energía, lo más importante del puente no es lo emocionante o intenso que parezca, sino lo mucho que nos lleva a un lugar fresco y nuevo. Por eso existen diferentes «perfiles» de intensidad o planes generales que puedes hacer funcionar.

Así que ahí lo tienes –ésos son los principios básicos para escribir un buen puente «estándar».

Si decides quedarte con esta opción, dedica algún tiempo ahora a componer tu puente, añádelo a tu hoja de letras y encuentra la manera de grabarlo o apuntarlo, luego no dudes en pasar directamente a la Parte 10.

Pero si estás pensando en componer otro tipo de puente –o simplemente tienes curiosidad para saber qué opciones tienes– hablemos de ello ahora.

AÑADE UN PUENTE

Encuentra una perspectiva lírica de contraste para tu puente –algo que explore la gran idea de tu canción, pero desde un nuevo ángulo.

Compón una melodía vocal, una progresión de acordes y un acompañamiento nuevos para tu puente –de modo que suene distinto, como una distracción o una evasión.

Como alternativa, podrías componer un puente instrumental o incluso no componer ninguno.

☞ OTROS DOS PLANTEAMIENTOS

Crear un puente vocal «estándar» es una habilidad esencial para componer canciones y, como ya he dicho, la mejor manera de abordar la composición de un puente si eres nuevo en este proceso. Pero veamos ahora dos opciones más –componer un puente instrumental y no componer un puente en absoluto– por si quieres probar algo un poco distinto.

Componer un puente instrumental

Si el objetivo principal del puente de una canción es proporcionar un contraste, una manera audaz de llevar la canción a algún sitio nuevo es componer un puente sin ningún tipo de voz –un **puente instrumental**, o simplemente **parte instrumental**.

De hecho, un puente instrumental puede ser una buena opción si a) tu canción está muy cargada de voces o de letra y crees que le vendría bien una pausa en las voces, o b) tienes acceso a un gran intérprete –tal vez un guitarrista, pianista o saxofonista– que realmente quieres que se exhiba en tu canción.

La verdad es que, las secciones instrumentales pueden aparecer en un puñado de puntos diferentes de una canción estrofa–estribillo, pero al igual que con un puente vocal, el punto justo después de tu segundo estribillo, donde la estructura podría empezar a parecer predecible, es una ubicación muy común.

Con un puente instrumental, puedes ser tan creativo como tu imaginación te deje, pero hay algunas cosas importantes para tener en cuenta:

- La mayoría de los puentes instrumentales hacen de uno o varios instrumentos el centro de la sección –no son solo acompañamientos en sí mismos. Los solos de guitarra o de sintetizador son muy habituales en canciones de pop y rock– y tienes la opción de componer algo específico, o, si tu canción se tocará en vivo, de pedir al intérprete que improvise sobre una progresión de acordes concreta.

- Dicho esto –y especialmente si estás produciendo con una DAW– algunos acompañamientos instrumentales no necesariamente cuentan con un instrumento solista. Pero suelen compensarlo asegurándose de que sus acompañamientos sean más interesantes y llamativos –para que las partes instrumentales se conviertan en el centro musical.

- Algunos puentes instrumentales son completamente originales, pero otros, como hemos hablado antes, se basan en alguna otra parte de la canción. A veces utilizan una progresión de acordes de otra parte de la canción. A veces, aunque sean un puente, en realidad son una repetición de la estrofa –ya sea sólo con los acordes de la estrofa o con una versión de la melodía de la estrofa interpretada por un instrumento.

- Otra buena opción es un puente híbrido –un puente que tiene tanto una voz principal como una o más partes instrumentales destacadas. Tal vez los solos de voz e instrumentales se entrelazan entre sí, o tal vez el solo instrumental toma el liderazgo mientras que la voz hace alguna repetición, o añade algunos «oohs» y «aahs», o repite de alguna manera fragmentos de la melodía o la letra del estribillo. Siempre que se sienta como una ruptura con la norma –como debería ser cualquier puente– puede ser realmente eficaz.

- Componer un puente instrumental te da mucha libertad para componer prácticamente lo que quieras, pero normalmente conviene que

esta sección tenga más o menos la misma longitud que las demás secciones principales −es decir, unos 16 compases más o menos.

Como siempre, lo que funciona en una canción no tiene porqué funcionar en todas necesariamente −así que tendrás que usar tu criterio para
decidir qué encaja.

Pero si crees que un puente instrumental es una buena opción para tu
canción, prueba a ver qué suena bien. Busca un escape instrumental o un
contraste que se lleve a tu público durante un rato antes de traerlos a casa
con el estribillo final.

Cuándo no incluir un puente

Al final, puede que te estés preguntando si todas las canciones necesitan un
puente. ¿Habrá canciones que estén mejor sin ellos?

Y absolutamente −los puentes son completamente opcionales. Muchas
canciones los tienen, pero no significa que todas las canciones deban tenerlo.

La razón principal −en realidad, la única razón− para añadir un puente
vocal es porque crees que añadir una perspectiva diferente mejorará o
profundizará el mensaje de tu canción. Después de un buen puente vocal,
vuelves al estribillo de la canción, pero de alguna manera es diferente. El
puente ha cambiado el modo de entender y apreciar el mensaje general
de la canción.

Y reitero, la razón principal para añadir un puente instrumental es porque
crees que la adición de un descanso o pausa −o simplemente de un foco en
un instrumento solista en particular− le sumará algo a tu canción. Un buen
puente instrumental nos lleva lejos del cuerpo principal de la canción y nos
ayuda a apreciarlo aún más cuando regresa al estribillo final.

Así que, si tu canción no necesita ninguna de esas cosas, tal vez esté
mejor sin puente. Quizá las estrofas y los estribillos ya le estén dando a tu
canción todo lo que necesita.

Si eres ingeniero de puentes y caminos, sólo construyes un puente cuando tienes dos puntos que conectar sobre un valle o un río. Y si eres compositor de, sólo necesitas un puente cuando hay algún tipo de vacío musical
que también merece la pena salvar.

Y si eso te suena a la canción en la que estás trabajando, no hay nada de malo en acabar con un tercer estribillo –o el estribillo dos veces en un estribillo «doble»– y darlo por terminado.

Hay un dicho en la composición de canciones –bueno, en todo el arte en realidad– que dice que el contenido hace la forma. En otras palabras, lo que tienes que decir te ayuda a decidir cómo lo dices. Y aunque sería muy raro componer una estructura estrofa–estribillo sin estrofa ni estribillo, cuando empiezas a jugar con algunas de las otras secciones, son estrictamente opcionales. Incluirlas o no depende de si tienen cabida –o si merece la pena incluirlas– en tu canción.

Y si eso significa que no hay puente, a veces es la opción perfecta.

Bueno, ya está. Dedica un momento a reflexionar sobre las opciones de las que hemos hablado para decidir cuál es la mejor para tu canción. Luego, si decides incluir un puente, ve probando hasta que se te ocurra algo que encaje con el mensaje y el ambiente general de tu canción.

Y una vez hecho esto, añádelo a la hoja de letras de la canción. Si has optado por un puente instrumental, siempre vale la pena añadir «INSTRU-MENTAL (16 compases)» en la hoja de letras, para que la estructura de la canción quede clara. Y sea cual sea el tipo de puente que compongas, no olvides asegurarte de tener un registro de su música de una forma u otra.

Luego pasaremos a dos secciones útiles pero opcionales en la Parte 10 –la intro y la *outro* -o coda- de tu canción.

[PARTE 10]
AÑADE UNA INTRO Y UNA *OUTRO*

En esta parte... *Cómo completar una canción con una intro y una outro eficaces.*

Muy bien. Ya casi has terminado. Lo único que queda por hacer es decidir cómo empezar y terminar la canción –cómo añadir una introducción y un final eficaces.

Igual que en la última parte, voy a darte algunas formas diferentes de hacerlo. Y también, como en la última parte, si eres nuevo en este proceso te recomiendo que te quedes con las opciones más sencillas –pero si quieres componer algo un poco más atrevido, te daré un par de técnicas más avanzadas para probar en su lugar.

☞ AÑADE UNA INTRO

Las intros suelen ser muy importantes –y la mayoría de las canciones las tienen. Su trabajo es sencillo: crear el mundo musical de tu canción antes de que entre el cantante y, si la canción va a ser interpretada en directo, para dar a al cantante la tonalidad y el tempo de la canción antes de que empiece a cantar.

Empecemos probablemente por la forma más sencilla –y habitual– de hacerlo.

La manera más simple de añadir una intro

Una forma muy común y efectiva de dar una intro a tu canción es simplemente extender el comienzo del acompañamiento de tu primera estrofa unos compases hacia atrás. En otras palabras, lo que hagan las partes no vocales de tu primera estrofa, lo copias y lo pegas una vez más antes de que empiece tu estrofa:

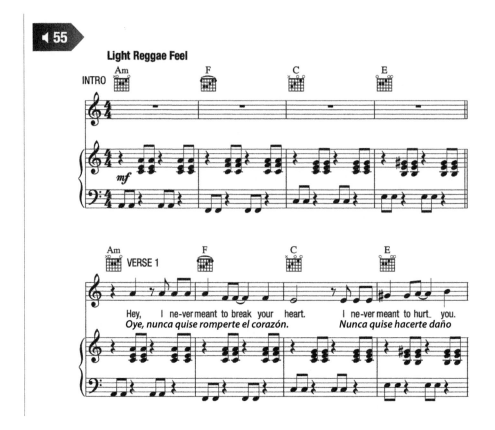

Esta técnica hace que nos familiaricemos con el acompañamiento de tu primera estrofa antes de añadir la voz. Es un truco sencillo –pero funciona verdaderamente bien.

La forma más habitual de crear este tipo de intro es repitiendo los cuatro primeros compases del acompañamiento de la primera estrofa – sobre todo si tiene una progresión de cuatro acordes que se repite, como en mi ejemplo. A veces una intro de dos compases funciona mejor, o una intro de ocho compases, o incluso una intro de sólo un compás –pero cuatro suele ser el número mágico. Así que, vale la pena ir tocando a ver qué es lo más adecuado para tu canción –y qué es lo suficientemente largo como para que público y el cantante se adapten al tempo, la tonalidad y el *feeling* de la canción antes de que empiece de verdad.

Si quieres variar un poco este formato básico, puedes pedirle a tu cantante que haga algún riff vocal durante la intro. O podrías hacer que dejase caer su nombre un par de veces para que sepamos quién está interpretando el tema. (Un saludo, Jason Derulo.) O, si estás componiendo en una EAD, quizá quieras añadir una pista instrumental adicional –como una breve melodía de guitarra– sobre todo si el acompañamiento de la estrofa suena demasiado sencillo.

Pero ya te haces una idea –alargar el acompañamiento de la primera estrofa unos compases hacia atrás es una forma muy sencilla pero eficaz de crear una intro.

Dos maneras más avanzadas de añadir una intro

Si quieres probar con algo un poco más avanzado –ya sea porque te apetece un reto o porque no estás seguro de que la sencilla técnica de ampliación del acompañamiento sea la correcta para esta canción en concreto –hablemos de otras dos formas de crear una intro eficaz:

- **Añade un estribillo «previo»:** Un puñado de canciones pop comerciales crean una intro incluyendo un estribillo adicional *antes* de la primera estrofa. Esto puede sonar raro, pero es una buena forma de familiarizar al oyente con el estribillo antes de que entre en acción. Si lo haces, una forma de asegurarte de que el estribillo «previo» no le quite el protagonismo a tu primer estribillo completo es reducir la textura del estribillo «anticipado» de alguna manera –tal vez quitando un instrumento o gran parte de la voz– de forma que parezca un calentamiento o un preestreno del auténtico. Un gran ejemplo de este tipo de intro está en «No tears left to cry» de Ariana Grande.

- **Compón una introducción:** Si te apetece, puedes probar a componer una introducción «original». Por lo general, las intros «originales» son parecidas a lo que viene a continuación de alguna manera –quieres que suene como si fuese de la misma canción– por lo que puede usar sonidos similares, o la progresión de acordes de tu estribillo, o una idea de alguna otra parte de tu canción. Pero hagas lo que hagas, tu objetivo sigue siendo introducirnos suavemente en el cuerpo principal de la canción. (Un ejemplo realmente extremo de esta idea es «Thriller» de Michael Jackson –que como todo el mundo sabe empieza con una larga intro original antes de que entre el acompañamiento principal. Pero si quieres algo más típico, puedes echar un vistazo a «Let's Get It

Started» de The Black Eyed Peas –que empieza con un gran riff vocal y luego una original intro basada en la progresión de acordes principal de la canción– y «Through It All» de Charlie Puth –que empieza con una intro de piano solo basada en los últimos ocho compases del estribillo.)

Acabo de darte un puñado de ejemplos concretos, pero hay un montón de maneras sutilmente diferentes de hacer que este tipo de intros funcionen. Así que, si quieres explorar otras posibilidades, siempre es buena idea escuchar algunas de tus canciones favoritas para saber cómo funcionan sus intros –y cómo puedes utilizar esas técnicas tú mismo.

Al igual que los puentes, las intros son técnicamente opcionales –y algunas canciones tienen intros tan cortas que cabe preguntarse si cuentan como tales. Pero incluso si decides que tu canción no necesita mucha introducción, parte de la composición de cualquier canción consiste en asegurarse de que nos introduces en ella de manera satisfactoria, por lo que querrás estar seguro de que estás contento con la forma en que transcurre tu canción desde el minuto 0:00 hasta el comienzo de la primera estrofa.

AÑADE UNA INTRO

Encuentra una forma interesante de empezar tu canción antes de que entre el cantante –tal vez extendiendo el acompañamiento de tu primera estrofa algunos compases hacia atrás, introduciendo un estribillo «previo», o creando algo original.

☞ AÑADE UNA OUTRO

Del mismo modo, una vez que tengas claro cómo va a empezar tu canción, tendrás que pensar cómo va a terminar.

A veces, terminar tu canción es tan simple como redondear el estribillo final con un acorde limpio y sostenido. Pero muchas veces querrás componer una sección corta –una outro, o final– y dedicada a poner punto y final a tu canción.

Veamos ahora tres formas habituales de terminar una canción. Esta vez hay dos de muy sencillas –que, de nuevo, son excelentes opciones si eres nuevo en esto– más una más avanzada por si quieres probarla.

Dos formas sencillas de añadir un final (o outro)

Una forma muy sencilla de terminar una canción es modificar el final del último estribillo de forma que parezca el final, como si llegara a su fin. Algunas de las técnicas que suelen usar los compositores son las siguientes:

- Cambiar el compás final del estribillo para que el acompañamiento aterrice en un acorde largo y sostenido.
- Cambiar el final del estribillo para que se corte de forma limpia y satisfactoria.
- Cambiar el final del estribillo para que termine con una mini floritura o «interruptor» –como un acorde acentuado, o una idea final de dos o tres notas (un «duh–duh» o «duh–duh–duh»).
- Añadir un **ritardando** –una ligera desaceleración– hasta la nota final.
- Adaptar el final del estribillo para que aterrice en el acorde de tónica (acorde I o i).

A veces se pueden combinar dos o más de estas técnicas. Y a veces tendrás que añadir un compás o dos para que estos tipos de final funcionen, aunque en ocasiones basta con retocar el último compás para crear un final satisfactorio.

Aquí tienes un ejemplo, que añade un par de compases más continuando un poco el acompañamiento, antes de rematar la canción con una idea limpia y final de tres notas (uno de esos «duh–duh–duh»s de los que hablaba):

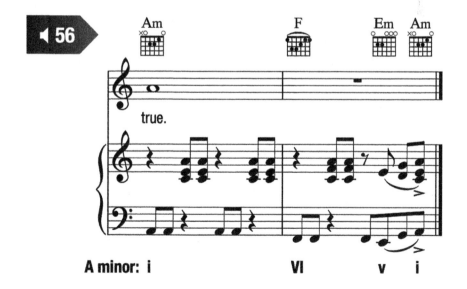

Y aquí tenemos otra, donde la progresión de acordes regular mi m–do–sol–re pasa directamente al acorde de tónica, sol, en el último compás para cerrar la canción, con un súbito ritardando (el «rit.») que suene extra final:

Estos dos ejemplos son tan sencillos que en realidad no ofrecen una sección de «outro» –sino un estribillo final adaptado. Algunas de las otras opciones, sin embargo, podrían significar añadir algunos compases para que funcionen –y eso también está bien. Lo más importante, como siempre, es que pruebes hasta que encuentres lo que mejor suena para tu canción.

La segunda manera realmente sencilla de terminar una canción es hacer lo que se denomina «repite y desvanece». Como ya habrás adivinado, eso significa que repites el estribillo una vez más y lo vas apagando poco a poco hasta llegar a un volumen cero. Por eso, el «repite y desvanece» es una opción ideal si estás componiendo en una DAW –aunque a los intérpretes en vivo a veces también se les pide que creen este efecto.

Así que prueba algunas de estas opciones a ver qué te parecen. Como siempre, no todas sirven para todas las canciones. Pero como de costumbre, la mejor manera de saber lo que funciona para tu canción es probar algunas cosas y ver qué te suena bien.

Una forma más avanzada de añadir una outro

Y, por último, si te sientes más aventurero, puedes componer una outro original –igual que compones una intro original– si quieres. Este tipo de outro a veces se denomina **coda**, que es un término más tradicional para el final de una pieza musical.

Y de nuevo –al igual que ocurre con la composición de intros– la mayoría de las outros originales se basan en alguna de las ideas musicales que ya existen en la canción.

Así, por ejemplo, «These Days» de Rudimental and Jess Glynne añade una breve coda repitiendo el último verso del estribillo –«We wish we could come back to these days, these days»– un tiempo extra en un estilo más *a cappella* (sin acompañamiento) para dar fin a la canción. «Thinking Out Loud» de Ed Sheeran hace lo mismo, pero con el último verso del estribillo *dos* veces más –con algunos pequeños cambios cada vez. Este tipo de simple repetición es una forma muy habitual de terminar una canción.

La mayoría de las canciones que acabo de citar tienen outros bastante cortas, pero para canciones con outros originales más largas puedes fijarte en «I Wish» de Stevie Wonder, «Video Killed the Radio Star» o –para un ejemplo más reciente– «Uptown Funk» de Mark Ronson y Bruno Mars.

Hay muchas maneras de componer una outro original tomando una parte existente de la canción y haciendo algo nuevo con ello. Así que, si quieres algo de inspiración, es buena idea que vayas a escuchar tus canciones favoritas –o algunos de mis ejemplos– y encontrarás un montón de ideas.

AÑADE UNA OUTRO

Encuentra la forma de rematar tu canción – por ejemplo, con un acorde sostenido, un corte limpio, un «repite y desvanece» o un final «compuesto» original.

Y por fin, eso es todo –las diez partes hechas y este proceso totalmente completado.

En la siguiente sección –que he llamado la outro del libro– lo remataremos con algunas ideas sobre lo que puedes hacer a continuación para seguir componiendo y seguir creciendo como compositor. Pero antes de hacerlo, querrás asegurarte de que has armado tu canción acabada.

En primer lugar, si necesitas actualizar tu hoja de letras, adelante. (Las hojas de letras suelen incluir las letras de la intro y la outro de las canciones, si se canta en ellas –pero si la tuya no lo hace, no pasa nada por no mencionarlas.)

Luego tendrás que asegurarte de que terminas con una grabación completa, una partitura, o un archivo de proyecto de tu canción –como sea que lo hayas ido registrando.

Y ya está –se acabó. Así que, es hora de darte una palmadita en la espalda y pensar qué hacer a partir de ahora.

[OUTRO]
ENHORABUENA,
— Y AHORA QUÉ

En esta parte… Un momento para celebrar la canción que acabas de terminar –y, además, qué puedes hacer a partir de ahora.

¡Felicidades! **Has terminado una canción entera.**

Quizá suene exagerado, pero, sinceramente, es algo importante.

Has creado algo de la nada. Has convertido un espacio en blanco en una canción. Has creado algo que nunca ha existido antes, a tu manera, en tus propios términos.

Y lo que es mejor, te has lanzado sin miedo a un montón de nuevas ideas y técnicas de composición –y eso también es algo importante.

Así que recibe un fuerte aplauso. Tómate un descanso. Tómate el resto de la semana libre si quieres.

Y después de eso, si te estás preguntando qué puedes hacer a continuación para seguir adelante y asumir un nuevo reto o dos, hablemos de algunas de tus opciones.

Compón algo nuevo

Si acabas de terminar una canción, empezar una nueva puede ser lo último que se te pase por la cabeza ahora mismo. Pero una vez que estés preparado, seguro que sacarás mucho más provecho de este proceso.

Sinceramente, eso es lo mejor de trabajar con un proceso que no es una fórmula ni un método –puedes repetirlo tantas veces como quieras y siempre obtendrás resultados diferentes.

Y como dije en la introducción, cuanto más trabajes en el proceso, más cambiará –cuanto más aprendas sobre composición, más entenderás qué partes del proceso son negociables y cuáles no, y más seguro te sentirás componiendo según tu estilo y a tu manera.

Eso es lo bonito de componer –nunca se vuelve a la casilla de salida. Siempre estás evolucionando y descubriendo más sobre composición –y sobre ti mismo– canción tras canción tras canción. Así que, ¡dale!

Si se trata de tu primera canción, vale la pena que repitas exactamente el mismo proceso una y otra vez para que te sientas más seguro. Pero a medida que adquieras más experiencia, también puedes intentar componer las partes de una canción en un orden diferente o usar este proceso para terminar canciones que ya has empezado pero que nunca has terminado. O, si quieres, incluso puedes intentar componer canciones con una estructura diferente. (Hay más información sobre cómo componer otras formas de canción en *The Art of Songwriting*.)

Como sabes, lleva tiempo desarrollarse como compositor. Tardas unas cuantas canciones en sentir que realmente dominas lo que estás haciendo. Así que, no pares ahora. Sigue escribiendo y creando cosas nuevas.

Coescribe algo

Una forma estupenda de volver a pasar por este proceso y sacar algo completamente distinto de él es hacerlo con otra persona. Cada autor tiene sus gustos y experiencias, así que coescribir es una buena manera de aprender de otros compositores y de ver la magia creativa que podéis suscitar como parte de un equipo.

Como dije anteriormente en este libro, si vas a coescribir es importante decidir cómo vais a dividiros el proceso de composición –si uno de los dos se centra en la música y el otro en la letra, o si lo escribís todo juntos, o algo totalmente distinto. Además, cómo sea que os lo dividáis, la colaboración es cuestión de conversación –con los coautores adecuados, intercambiar borradores e ideas os hará mejores compositores de lo que sois por separado. Así que a menos que estéis componiendo juntos físicamente en el mismo espacio, necesitaréis hablar regularmente a medida que la canción vaya tomando forma.

Por supuesto, si ya has trabajado en este proceso co–escribiendo puedes probarlo de nuevo tú solo, o probarlo con un coautor diferente y aprender algo totalmente nuevo de esta manera.

Puede que ya conozcas a algunos compositores a los que podrías dirigirte para coescribir. si no, un taller local de composición o una comunidad de compositores *on line* es un buen sitio para conocer nuevos coautores, así que no tengas miedo de salir ahí fuera.

Reescribe

Es un tópico, pero es cierto –las grandes canciones no se escriben, se re-escriben. Ningún artista crea su mejor obra en su primer intento, o incluso en el quinto. Por eso, si quieres componer las mejores canciones posibles, reescribir –el arte de revisar y mejorar tus primeros borradores– es una habilidad esencial que hay que dominar.

Si todavía eres nuevo en esto de componer canciones, probablemente te beneficiarás más de empezar nuevos proyectos por ahora –por ejemplo, repitiendo este proceso con una nueva idea de canción. Una vez que tengas un puñado de canciones en tu haber, es un buen momento para empezar a pensar en cómo puedes volver a algunas de tus canciones terminadas y ver si hay algún aspecto que quieres mejorar.

Reescribir normalmente va mejor en la distancia –después de haberte alejado de la canción, puedes volver a ella con una perspectiva renovada. Así que, si estás pensando en reescribir la canción que acabas de terminar, es una buena idea darle al menos una semana antes de empezar a hacer cambios. (Aunque asegúrate de guardar tu versión original en algún sitio, por si acaso decides que te gusta más después de todo.)

La reescritura suele ser tan sencilla como echar un vistazo frío y duro a lo que has creado, tratar de averiguar qué es lo que no funciona como debería y, a continuación, intentar pulir o retocar esas asperezas hasta que suenen mejor.

A veces éste es un trabajo difícil –sobre todo cuando se trata de ser lo suficientemente valiente como para sustituir algo que funciona pero que sólo está bien por algo que es realmente genial. Y francamente, es un proceso interminable –si tu mirada es lo suficientemente dura, siempre encontrarás algo más que mejorar o reconsiderar, así que al final llegas a un punto en el que tienes que decidir que ya está. Como se dice, una obra de arte no está nunca terminada, sino abandonada.

Por eso puede ser difícil encontrar un equilibrio entre la cantidad –componer muchas canciones– y la calidad –centrarse en componer unas pocas grandes canciones. Pero como he dicho, si eres nuevo en esto de componer canciones, normalmente es mejor centrarse en terminar muchas canciones mientras aprendes el oficio. Luego, a medida que te vayas afianzando, podrás dedicar más tiempo a reescribir y revisar tus proyectos más prometedores hasta que brillen de verdad.

Otros recursos para componer canciones

Si estás buscando nuevas ideas y perspectivas sobre la composición de canciones, un buen punto de partida es visitar la lista completa de lecturas que mantengo en el sitio web de The Song Foundry, **thesongfoundry. com/bookshelf**. Pero si te ha gustado este libro, hay tres recursos que te recomiendo especialmente para profundizar en tu comprensión de cómo funciona la composición de canciones.

El primero es *Steal Like an Artist* de Austin Kleon –que ni siquiera trata específicamente de la composición de canciones. El primero en una serie de tres partes sobre creatividad, *Steal Like an Artist* habla de cómo ser más creativo, cómo dejarse influenciar por los artistas que amas, y cómo encontrar tu propio camino como artista. Es corto – podrías leerlo en una tarde – y seguramente será uno de los libros más poderosos sobre creatividad que habrás leído nunca.

El segundo es *Great Songwriting Techniques* de Jack Perricone –que es probablemente el libro más sustancial que existe para explorar técnicas de composición con mucho detalle. Así que, si quieres sumergirte aún más profundamente en la teoría y la práctica en torno a componer melodías, crear progresiones de acordes, componer acompañamientos de géneros específicos y mucho más, *Great Songwriting Techniques* es una bestia, pero bien vale su tiempo.

Y, por último, si quieres profundizar en los conceptos de este libro, probablemente te gustará mi libro *The Art of Songwriting*. Lo sé, he estado soltando su nombre desde la introducción, pero si te gusta el enfoque creativo y abierto de este libro y quieres llevarlo a un nivel más avanzado, *The Art of Songwriting* es un gran siguiente paso.

O, si estás buscando algo más práctico para hacer a continuación, puedes consultar mi serie Desafíos de 30 Días para Componer Canciones. *The 30–Day Lyric Writing Challenge* y *The 30–Day Creativity Challenge* son ideales para principiantes, y *The 30–Day Music Writing Challenge* es ideal para cualquiera con algo de experiencia básica en composición. También está *The 30–Day Speed Songwriting Challenge* para los compositores con más experiencia. Se trata de campamentos prácticos de un mes de duración que te ayudarán a mejorar tus habilidades como compositor, en algunos casos en tan sólo diez minutos al día.

También hay un montón de recursos en la web de The Song Foundry –incluido artículos, videos y folletos– en **thesongfoundry.com**. Así que, si tienes curiosidad, pásate a ver qué encuentras.

Y ya está. Este es el final de este libro, de este proceso y de este capítulo de tu viaje como compositor. Así que, gracias por tenerme a lo largo del viaje.

Y ahora –tanto si es tu primera canción como si no– una de las mejores cosas de componer es que siempre cosas que aprender y siempre hay más cosas que componer.

Así que sigue adelante. Sigue creando. Y sigue probando cosas nuevas.

Quizá lo que compongas cambie el mundo. Quizá lo que compongas cambie el mundo de alguien que te importa. O puede que lo que compongas simplemente cambie *tu* mundo –y puede que eso también sea increíble.

Feliz composición, amigo mío.

APÉNDICES

[APÉNDICE 1]
21 GRANDES IDEAS
DE CANCIONES PARA EMPEZAR

Como hablamos en la Parte 1, encontrar una buena idea para nuestra canción es gran parte de su éxito. Así que, en este Apéndice, he hecho una lista rápida de 21 grandes conceptos que funcionan particularmente bien para compositores noveles.

Todas las ideas son lo suficientemente sencillas como para que sea fácil empezar con ellas, pero lo suficientemente universales como para que puedas escribir sobre ellas a tu manera. Puedes usarlas exactamente como aparecen, o modificarlas si lo deseas.

He tomado o adaptado todas estas ideas de mi libro *The Ultimate Book of Song Starters*, una colección de 501 ideas de canción potentes, pero con final abierto que son un complemento genial para este libro si estás buscando ideas específicas con las que inspirarte.

1 Escribe una canción que diga «Te quiero».

2 Escribe una canción que diga «Ya no te quiero».

3 Escribe una canción que diga «Nunca he conocido a nadie como tú».

4 Escribe una canción que diga «Soy feliz» –y dinos por qué.

5 Escribe una canción para preguntar a alguien qué le pasa.

6 Escribe una canción que diga «Me has decepcionado» o «Me has traicionado».

7 Escribe una canción que diga «Te necesito».

8 Escribe una canción que diga «Me merezco algo mejor».

9 Escribe una canción que diga «No quiero saberlo».

10 Escribe una canción que diga «Hemos terminado».

11 Escribe una canción que diga «Quiero que vuelvas».

12 Escribe una canción que diga «Estoy empezando una nueva etapa en mi vida» –y dinos si eso te hace feliz o no.

13 Escribe una canción que diga «Vamos de fiesta».

14 Escribe una canción sobre tu mayor esperanza en la vida.

15 Escribe una canción sobre la infancia.

16 Escribe una canción sobre un amor complicado.

17 Escribe una canción sobre lo que significa para ti vivir una buena vida.

18 Escribe una canción que haga reír a la gente.

19 Escribe una canción que haga pensar a la gente en algo.

20 Escribe una canción que motive a las personas a perseguir sus objetivos.

21 Escribe una canción que haga feliz a la gente.

Para convertir estos conceptos en ideas completas de canción, necesitas darles cuerpo como hablamos en la Parte 1 de este libro.

Eso significa decidir:

1) ¿Quién canta?
2) ¿A quién le canta?
3) ¿Qué intenta decir?

[APÉNDICE 2]
CHULETAS DE ACORDES, NOTAS DE ACORDES Y TABLATURAS DE GUITARRA

En este apéndice he reunido una serie de resúmenes rápidos de los principales acordes mayores y menores –incluido las notas de esos acordes y cómo tocarlas en un teclado o guitarra– que podrías utilizar en una canción.

En primer lugar, te he dado un resumen de las seis tríadas primarias y secundarias en cada una de las tonalidades principales de las que hablamos en la Parte 4 –do mayor, sol mayor, la menor y mi menor. Tendrás que volver a la Parte 4 para entender la teoría detrás de estas chuletas, pero ellas te darán una rápida referencia de los acordes que más vas a utilizar en cualquiera de estas tonalidades.

Luego, te he dado un resumen de las seis tríadas primarias y secundarias en cada una de las doce tonalidades comunes en composición de las que hablamos en la Parte 4. Existen otras tonalidades, pero estas doce son algunas de las mejores y más comunes para componer canciones.

Y, por último, hay una lista completa de las doce tríadas mayores y menores –incluido las notas que las forman y una tablatura de guitarra para cada acorde. He organizado esos acordes de acuerdo con el círculo de quintas –el principio armónico según el cual los acordes suelen sonar bien cuando van seguidos del acorde con una fundamental cinco notas más baja– lo que significa que encontrarás acordes estrechamente relacionados cerca o en la misma posición en la página siguiente. [7]

---

7. Equivalencia entre el sistema latino y el sistema inglés de notación (o denominación literal): Do– C, Re– D, Mi– E, Fa– F, Sol– G, La– A, Si– B. (Nota trad.)

DO MAYOR – PALETA DE ACORDES BÁSICOS

	Acorde	Notas del acorde	Notas en partitura	Tablatura de guitarra
I	C major	C E G		C
V	G major	G B D		G
IV	F major	F A C		F
vi	A minor	A C E		Am
ii	D minor	D F A		Dm
iii	E minor	E G B		Em

SOL MAYOR – PALETA DE ACORDES BÁSICOS

	Acorde	Notas del acorde	Notas en partitura	Tablatura de guitarra
I	G major	G B D		G
V	D major	D F# A		D
IV	C major	C E G		C
vi	E minor	E G B		Em
ii	A minor	A C E		Am
iii	B minor	B D F#		Bm

LA MENOR – PALETA DE ACORDES BÁSICOS

	Acorde	Notas del acorde	Notas en partitura	Tablatura de guitarra
i	A minor	A C E		Am
V / v	E major / E minor*	E G♯ B E G B		E Em
iv	D minor	D F A		Dm
VI	F major	F A C		F
VII	G major	G B D		G
III	C major	C E G		C

MI MENOR – PALETA DE ACORDES BÁSICOS

	Acorde	Notas del acorde	Notas en partitura	Tablatura de guitarra
i	E minor	E G B		Em
V / **v**	B major / B minor*	B D♯ F♯ B D F♯		B Bm
iv	A minor	A C E		Am
VI	C major	C E G		C
VII	D major	D F♯ A		D
III	G major	G B D		G

*El acorde V (mayor) es más común en tonalidades menores,
pero a veces se puede utilizar el acorde v (menor) en su lugar.*

TONALIDADES MAYORES COMUNES
– PALETA DE ACORDES BÁSICOS

Tonalidad		I	V	IV	vi	ii	iii
C major	-	C	G	F	Am	Dm	Em
D major	2♯	D	A	G	Bm	Em	F♯m
E major	4♯	E	B	A	C♯m	F♯m	G♯m
F major	♭	F	C	B♭	Dm	Gm	Am
G major	♯	G	D	C	Em	Am	Bm
B♭ major	2♭	B♭	F	E♭	Gm	Cm	Dm

Los símbolos de la derecha del nombre de la tonalidad indican cuántos sostenidos o bemoles hay en la armadura de cada tonalidad cuando se anota en una partitura. Así, «–» significa ningún sostenido o bemol, «♯» significa un sostenido y «2♭» significa dos bemoles.

TONALIDADES MENORES COMUNES
– PALETA DE ACORDES BÁSICOS

Tonalidad		i	*	iv	VI	VII	III
A minor	-	Am	E	Dm	F	G	C
B minor	2♯	Bm	F♯	Em	G	A	D
C minor	3♭	Cm	G	Fm	A♭	B♭	E♭
D minor	♭	Dm	A	Gm	B♭	C	F
E minor	♯	Em	B	Am	C	D	G
G minor	2♭	Gm	D	Cm	E♭	F	B♭

Para simplificar, sólo he incluido el acorde V (mayor) –el acorde dominante más común usado en tonalidades menores– pero se puede usar el acorde v (el acorde menor con la misma nota fundamental) en su lugar, si lo deseas.

TRIADAS MAYORES – NOTAS Y TABLATURAS DE GUITARRA

Acorde	Notas del acorde	Notas en partitura	Tablatura de guitarra
C major	C E G		C
G major	G B D		G
D major	D F# A		D
A major	A C# E		A
E major	E G# B		E
B major	B D# F#		B
F# major Gb major	F# A# C# Gb Bb Db		F# Gb
Db major	Db F Ab		Db
Ab major	Ab C Eb		Ab
Eb major	Eb G Bb		Eb
Bb major	Bb D F		Bb
F major	F A C		F

TRIADAS MENORES – NOTAS Y TABLATURAS DE GUITARRA

Acorde	Notas del acorde	Notas en partitura	Tablatura de guitarra
A minor	A C E		Am
E minor	E G B		Em
B minor	B D F#		Bm
F# minor	F# A C#		F#m
C# minor	C# E G#		C#m
G# minor	G# B D#		G#m
D# minor / Eb minor	D# F# A# / Eb Gb Bb		D#m / Ebm
Bb minor	Bb Db F		Bbm
F minor	F Ab C		Fm
C minor	C Eb G		Cm
G minor	G Bb D		Gm
D minor	D F A		Dm

[APÉNDICE 3]
CHULETA DE LA ESTRUCTURA ESTROFA–ESTRIBILLO

Por razones que he explicado al principio del libro, este proceso te ha llevado a componer una estructura sencilla de estrofa–estribillo –la versión «básica» o arquetípica de la estructura más comúnmente utilizada hoy en día.

Para estar seguros de que tienes un resumen práctico de cómo es esta estructura, te he puesto un breve esquema de todas las secciones clave, el orden que siguen, y lo que añaden a la estructura general.

También he reunido una breve guía de los números de compases que encuentras a menudo en cada sección. Esto es sólo una guía –en la vida real, el número de compases de cada sección puede variar mucho de una canción a otra– pero en caso de duda, es un buen modelo al que recurrir. Funciona bajo el supuesto de que necesitarás dos compases de música por cada verso de letra, lo que suele funcionar bien para canciones en compás de **4/4, 3/ 4, 6/8** y **12/8** en la mayoría de los tempos. Aunque a veces, puede que necesites componer el doble o la mitad del número de compases de música por cada verso de letra.

Si quieres saber más sobre las estructuras de canción –incluido formas más avanzadas de construir estructuras estrofa–estribillo, además de otras formas de canción en general– hay mucha más información en *The Art of Songwriting*.

ESTRUCTURA ESTROFA–ESTRIBILLO La forma arquetípica		
INTRO	Establece el mundo de la canción, y a menudo el acompañamiento de la **ESTROFA 1**	
ESTROFA 1	La letra introduce la situación o historia de la canción. La música empieza a baja intensidad y se va construyendo.	CONSTRUCCIÓN
ESTRIBILLO 1	La letra subraya la idea central de la canción. La música es de mayor intensidad.	PUNTO ÁLGIDO
ESTROFA 2	La misma música que en la **ESTROFA 1** pero una nueva letra añade nueva información. La música vuelve a construirse.	CONSTRUCCIÓN
ESTRIBILLO 2	La misma música y letra que en el **ESTRIBILLO 1**, quizá con algunos pequeños cambios.	PUNTO ÁLGIDO
PUENTE	Algo de contraste – nueva letra y música.	EVASIÓN/ DISTRACCIÓN
ESTRIBILLO 3	Retorno familiar al **ESTRIBILLO 1**, quizá con algún añadido musical al final.	RETORNO
OUTRO	Lleva la canción a un final satisfactorio.	

Los puentes, las intros y las outros –e incluso los terceros estribillos– son opcionales.

ESTRUCTURA ESTROFA–ESTRIBILLO Longitud común de las secciones		
INTRO	2/4/8 compases	
ESTROFA 1	16 compases	8 versos
ESTRIBILLO 1	16 compases	8 versos
ESTROFA 2	16 compases	8 versos
ESTRIBILLO 2	16 compases	8 versos
PUENTE	8/16 compases	4/8 versos
ESTRIBILLO 3	16 compases	8 versos
OUTRO	2/ 4 compases	

A veces las secciones de 2 o 4 compases llamadas *turnarounds* –sin letra, sólo acompañamiento– se incluyen después de algunos o todos los estribillos.

SOBRE ED

Photo: Laura Luc

Ed Bell es compositor, educador, autor y emprendedor.

Su trabajo creativo se desarrolla principalmente en el teatro y en el cine, donde ha compuesto canciones para Pearl Studio (la anterior DreamWorks Oriental) y ha coescrito el musical ganador del Premio Kleban *My 80–Year–Old Boyfriend*.

Como educador, Ed es autor del *best seller The Art of Songwriting* y de la popular serie 30–Day Songwriting Challenges. También es el autor de *The Ultimate Book of Song Starters* y *The Song Foundry 30–Day Challenges*. Ed creó en 2014 The Song Foundry –uno de los sitios de recursos de composición favoritos en Internet– y sus artículos son leídos ahora por más de 25.000 compositores cada mes. Ha enseñado composición en instituciones como The Royal Central School of Speech and Drama y la Bath Spa University, y ha escrito contenidos para las revistas *Songwriting Magazine* y *Making Music Magazine*.

Ed nació en Yorkshire en el Reino Unido en 1987 y estudió en la Cambridge University y The Royal College of Music en Londres. Cuando no está durmiendo, suele estar creando algo nuevo, viajando o poniéndose al día con los amigos.

edbell.com

GRACIAS

Este libro no existiría sin docenas de personas que no son yo –y como siempre, una de las mejores partes de crear este libro fue tener a un montón de grandes músicos, creadores y amigos involucrados en él.

Gracias a Kaytie Lee y su brillante ojo de correctora, que siempre hace que lo que tengo que decir sea más inteligente y preciso. Gracias a Charlotte Fleming que ha corregido meticulosamente muchos errores de última hora y ha dejado este libro listo para compartirlo contigo. Gracias a mis increíbles y creativos amigos Richy Hughes y Andrew Simmons cuyos comentarios y sugerencias mejoraron considerablemente este libro. Gracias de nuevo a Andrew y a la extraordinaria Amelia Cormack por prestar sus habilidades para las pistas descargables que permiten escuchar este libro, así como leerlo. Gracias a Richa Bargotra por su siempre excelente trabajo creando la versión digital de mis libros.

Gracias a todos los compositores a los que he enseñado individualmente desde 2015, que me enseñaron mucho de lo que ha terminado en este libro, sin siquiera intentarlo. Gracias a todos los miembros de la comunidad increíblemente global de The Song Foundry, que se interesan por lo que creo a diario –y a los compositores que se han tomado el tiempo de contarme cómo les ha impactado mi labor docente. Componer es un trabajo extraño y solitario, así que siempre es agradable tener noticias de las personas para las que esperaba componer.

Y, por último, gracias a ti, por elegir este libro. Por formar parte de la comunidad de compositores que me leen y se inspiran en lo que creo. Y porque son personas como tú las que hacen posible mi alocada vida de hacer cosas –y ayudar a otras personas a hacerlas. Gracias, gracias, gracias.

Para más herramientas, ideas e inspiración, visita
thesongfoundry.com